你的所有迷茫终将败于自律

慕如雪◎著

花山文艺出版社

河北·石家庄

图书在版编目（CIP）数据

你的所有迷茫终将败于自律 / 慕如雪著 . -- 石家庄：
花山文艺出版社 , 2021.5
ISBN 978-7-5511-5691-2

Ⅰ . ①你… Ⅱ . ①慕… Ⅲ . ①自律—通俗读物 Ⅳ .
① C933.41-49

中国版本图书馆 CIP 数据核字 (2021) 第 075855 号

书　　名：**你的所有迷茫终将败于自律**
　　　　　Ni De Suo You Mi Mang Zhong Jiang Bai Yu Zi Lu
著　　者：慕如雪
责任编辑：梁东方
责任校对：林艳辉
封面设计：刘红刚
出版发行：花山文艺出版社（邮政编码：050061）
　　　　　（河北省石家庄市友谊北大街 330 号）
销售热线：0311-88643221/29/31/32/26
传　　真：0311-88643225
印　　刷：三河市金泰源印务有限公司
经　　销：新华书店
开　　本：880×1230　1/32
印　　张：6.5
字　　数：128 千字
版　　次：2021 年 7 月第 1 版
　　　　　2021 年 7 月第 1 次印刷
书　　号：ISBN 978-7-5511-5691-2
定　　价：39.80 元

前　言

　　你是不是觉得前行的路上迷雾重重，让你不知道该何去何从？

　　你是不是听说了一句"谁的青春不迷茫"之后，把这一切低谷不顺叫迷茫？

　　都说"迷茫"无解药，于是你就今日事今日混，这山望着那山高，看着别人的精彩自叹弗如？于是你就想入非非，且想得多做得少，在自己的舒适区里静享岁月安好？

　　迷茫的定义是失去方向感，而不是不振作。人生就像一艘在大海中航行的船，经常会遇到"迷茫"的暗礁险滩。

　　有一部分人在人生涡流里被打得灰头土脸，晕头转向；有的人却站了起来，激流勇进，创造出属于自己的辉煌。是他们无比强大，有所向披靡的魔法？

　　不是！

　　每个人都是芸芸众生，没有人拥有超能力。世界上最有效的救赎就是自己救自己。与其说他们意志强大，不如说他们有足够的力量拯救自己。

　　他们拯救的方式很奇特，可以在每天五点起床对抗身体的懒惰；可以为了甩掉身上的肉，看上去更苗条，控制住自己的欲望，对于万千美食说不；可以在别人"醉酒当歌"时保持清醒的空杯心态，调整自己的方向砥砺前行；也可以在人生和事业都沉入低谷时，卧薪尝胆，从头再来，更可以对抗自己身体里的坏情绪，和自己的一切说"NO"。他们有超级强大的自制自愈系统。

他们用这个强大的系统把自己从人生的旋涡里解救出来。这个强大的系统有一个统一的名字：自律。陀思妥耶夫斯基说过：自律是一杆秤，一头是良知，一头是贪婪，如果你想征服世界，你就得先征服自己。

自律是征服自己的一把智能钥匙，它可以控制你的思想、行为和举止，从而让你按照既定的方案行动……

你是不是渴望有一个人为你拨云见日？你是不是也渴望有一个开挂的人生，完成人生逆袭？你是不是希望幸运女神眷顾一下你，让你后半生春光灿烂？

我知道你的答案都是"Yes"。

不过，你听没听过假装生活、假装努力，听没听过假装自律？为什么你也早起、你也打卡、你也跑步、你也嚷嚷着健身，却不像其他人那样有效果？为什么你也读书、你也学习、你也到处忙着提升，人生没升反降？悲催，那可能是你遭遇了假自律！自律永远都是让你精进提升，而不是身心疲惫！

自律是世间最贵的药，也是世界上最有效的药。自律的人自带光芒，能帮你吸引贵人和好运气，让你的人生意想不到。沈从文曾经说过，征服自己的一切弱点，正是一个人伟大的起始。所以，当你在成长中遇到迷茫，焦虑走不出来的问题，先修炼一颗自律的心，你所遭遇的一切问题都会迎刃而解。

目　录

第 一 章

你不是太迷茫，而是不自律

　　自从刘同的《谁的青春不迷茫》红遍大江南北，"迷茫"一词也跟着紧俏起来，不思进取也好，无所事事也罢，都给自己贴上一个"迷茫"的标签。好像贴上了这个标签，一切都变得顺理成章，可以原谅。

　　的确，青春和人生的路口，都有找不到方向的时刻，可是那仅仅是一个阶段而已，而不应该是长久的状态。如果你沉迷于此而无法自拔，那就该思考下你是真的"迷茫"，还是披着一张"迷茫"的外衣在偷懒！

1. 诗和远方，在当下，不在未来

好友萱萱有一个伟大的梦想，有一天能背着行囊周游世界。

几乎每一次同学聚会，她都把自己的梦想喊上几遍，前面还要加上一个长长的前缀"等我有钱了，一定要到世界各地去看看，那可是我的诗和远方啊！"

萱萱说的时候我们都为她鼓起极其热烈的掌声，因为在我们的小圈子里，还没有谁有这样的远大理想。我们的理想就是有个温暖的家，过柴米油盐的日子。敢这样把出去走走的理想挂在嘴边的人，我们自然是羡慕又崇拜。何况萱萱说这个理想的时候，后面还坠着半句话："读万卷书不如行万里路，不出去看看永远也不知道世界多么美好！"鼓完掌之后我们就叮嘱她到时候一定多拍照片，多发朋友圈，我们虽然不能身临其境，也可以隔空感受下壮美的风景。

萱萱自然是满口答应，并郑重其事地宣布，她已经为梦想而努力了，用不了多久她的理想就会实现，到时候她一定会给我们这些朋友带礼物，让我们等着她的好消息。可是，我们没有等到她出行的消息，却等来了她和男朋友分手的消息。

原来，自从萱萱把追寻诗和远方的理想提上日程之后，每天就和丢了心一样，做什么事情都不在状态。

萱萱是单位的出纳，分管公司的账目，每天都要和数字报表打交道，她的心不在焉直接影响了工作质量，最严重的一次在报告单上少打了一个零，给公司带来了不小的损失。出于惩罚，老板不仅扣掉了她的年终奖，还把她调离了好不容易挤进去的财会部门。

这真的算是一个大惩罚，可是萱萱并没有接受教训，工作起来依旧心不在焉，老板批评过她几次，最后看她实在无心改正，只好把她辞退了。没有工作，萱萱出去走走的心没有收敛，反倒更强烈了，心心念念到远处寻找她的诗和远方。她几次三番和我们说计划的时候正是这段时间，而她所说的做好了准备就是等着男朋友休年假两个人一起出去游玩。然而，我们是小城市，工资普遍不高，却面临着各种各样的生活压力，钱一直是最紧要的事情，一次出行最少要上千块，两个人已经节衣缩食，却仍挤不出这项预算来。这让她非常苦恼，连家务都懒得做。

有一天她无聊地在网上闲逛，发现一对90后情侣穷游的新闻。新闻上说，这一对小情侣，因为喜欢旅行看风景，所以双双辞职到各地去旅行。因为他们没有多少钱，所以每到一个地方都要先找个地方安顿下来之后，打些零工挣生活费和去下一站的费用。他们一般一个月就能换一个地方，短短两年的时间，已经走了大半个中国了。

看完新闻，萱萱的心久久不能平静，自己没钱也喜欢旅游，是不是也可以效仿他们的模式。男朋友下班回来，萱萱把自己的计划说了出来，并告诉男朋友，自己已经设定好了旅游路线，只要男朋友把工作辞了，两个人就可以来一场说走就走的旅行了。

男朋友听了大吃一惊，不仅没同意她的建议，还大叫她疯了，让她清醒一下，四处漂泊的日子不是说起来那样轻松。可是萱萱不信，不仅不听男朋友的建议，还果断地和男朋友分了手。

我们听到萱萱分手消息的时候，她已经一个人在路上了。说不上喜，说不上悲，我们都觉得萱萱好像丢了什么。

再见到萱萱已经是一年之后了，远行归来的萱萱已经没有了当年的意气风发，取而代之的是一脸憔悴，接风宴上她号啕大哭："我过够了小城千篇一律的生活，以为出去走走就能过上自己喜欢的生活了，谁知道，走了一大圈才发现根本没有什么诗和远方。"

接着萱萱给我们讲了她的故事。从她断断续续的讲述里，我拼凑出萱萱这两年的生活轨迹，她本来没多少钱，又没有多少独自生活的能力，更主要的是不知道自己该去哪里、该干什么，只是盲目地四处走，说好了是穷游，说不好就像一个流浪汉，还要随时提防不怀好意的坏人，一个人在路上，钱越花越少，路越走越窄，后来实在不知道该去哪里了，只好打道回府。

她是回到了原来的地方，可接受一番洗礼的她依旧迷茫，不知道接下来的路该怎么走。心中有路天地宽，心中无路，即使走得再远又有何用呢？

这两年，随着那封霸气的辞职信在网上热传，诗和远方，说走就走的旅行成了年轻人口中追求时尚的代名词。好像谁没动过这个念头，就白活了一回。可是，大多数人都和萱萱一样会错了意，远方到底在哪里，到底什么是远方，根本就没有确切答案。

女教师是追寻自己的爱情长路漫漫一路向南，更多的人，则是不知道自己该做什么，才跟风逐浪，天真地认为出去走走就能过上想要的生活。殊不知，远方就在脚下，是踏踏实实地走好每一步，过好每一天。

去年采访的时候，认识一个非常踏实的姑娘，她是一个酒店的服务员。我的被采访人是她的经理，她给我们送了两回茶水，最后一次进来，经理说这个姑娘非常了不起，当年差两分就能考上一本了，因为家里没有钱给她复读，只好到这里打工，这里她的学历最高，可是一点架子也没有，谦虚好学，做事情还不挑挑拣拣，无论什么事情，只要吩咐她去办，没有办不妥的。最近又在空闲的时间里学英语，目前简单的对话已经没问题了，现在酒店里外宾过来用餐都是她点餐交流。这位经理说打算过一段时间提拔女孩做自己的助理。

今年我去那家酒店的时候，已经是这个女孩接待我了。还是那样谦和，但是更多了份成熟和历练。岁月已经把她雕琢得更好了。

我们谈起了她做服务员的那段经历，她说自己当时没想什么，觉得只有做好了，才可以留下来，之后又觉得学好英语可能对自己的发展更有帮助，于是每天工作之余就听英语，背单词，还硬着头皮给外宾客人点餐，但是从来没想到自己能做到今天这个位置。自己也想过有一个光明的未来，但是没想到这么快就看到了希望之光。

我告诉她，这是她踏实工作应得的奖赏，虽然说不想做将军的士兵不是好士兵，但是只想做将军，不能安下心来当兵的士兵一样不是好士兵。只有脚踏实地，才能有实力享受未来。是你的踏实成就了你，也是你的自律成就了你。

我说的没错，成就她的除了踏实还有自律力。我以前在酒店工作过，太了解这里面的故事，服务员大多数是从农村招来的小姑娘，十几岁的年纪，大多没读多少书，梦想就是将来找个心仪的男孩子结婚生子过烟火生活。要想在这个团体里提升自我，需要有极强的自律能力和承受能力，因为在这里你读书会被看成异类，你独处也会被看成异类，没有极强的控制力和约束力，很容易沦陷于嬉闹的时光里。

她在这样一个群体里脱颖而出，一定经历了凤凰涅槃的剧痛。

我笑着问她，我说的对不对，她轻轻地说，那段日子每天都是咬牙挺过来的。害怕大家知道自己学英语，每天三点就起床借着走廊的灯看书，白天困得工作时候都能睡着了，但是为了保证工作，几乎每天硬撑着。害怕大家说她出风头，每次给外宾点餐都在心里给自己打好一阵气，过后还要买零食讨好大家，还好挺过来了。

是的，挺过来了。成功都是汗水铺就的。没有人能轻易成功，但是成功的人都是踏踏实实地走好每一步过来的。如果没有灯下苦读的勤奋，也不能成就今天的她。

远方不是在不着边际的遥远的地方，而是心灵要抵达的地方。而塌不下心来，永远也不能够到达。

2. 怎样过一天，就有可能怎样过一年

你见过最拖沓的人是什么样子？早上吃的快餐盒能放上一天，办公桌上的文案堆起来有墙高，就是不见减少，还是一天蓬头垢面、衣衫不整、哈气连天，干什么都没有精神？

我见过最拖沓的人，把这些所有都结合在了一起。

他是我们单位通过关系进来的特岗教师。校长把他带到我对面的办公桌，告诉我，他充其量算是一个刚出学校门的大孩子，让我诸事多照应一下。谁知道校长的这一句话，就决定了我之后每天的"命运"：每天时不时督促他把快餐盒及时丢掉，提醒他少玩手机先工作，告诉他下班前把桌面做一下清理。

开始的时候我以为他是学生时代养成的坏毛病，慢慢就改过来了，谁知道真是有了第一天就有第二天，差不多半个月的时间，他都是这样的状态：早上到办公室吃早餐，之后碗筷碟放在一旁开始翻手机，上课铃不响不会拿起桌上的教案和参考书。校长半开玩笑地提醒过他几次，他总是嘻嘻笑着说自己也没有办法，就是管不了自己。

这个回答让我们大吃一惊，二十几岁的人说管不住自己，总让人怀疑是不想管。人如果想管，一定能管住自己的。但是一个人如果就想随性地生活，真的谁也拿他没办法。

两个月后，他主动离开了这里。校长说，如果不是他主动离开，自己也会让他离开，看到他一天的样子，都能想到他若干年后的样子，一个年轻人身上没有一点精气神和活力，沉迷玩乐，一脸颓靡，真怕他带坏了风气。

慕新歌在《自律力》里说过，你怎样过一天，就有可能怎样过一年，因为人都向往舒适性，你的思维模式和行为模式已经形成了习惯。

习惯是难以改变的。

我以前在一个小公司做策划，单位有一个叫潇潇的同事，每天的工作状态可以说是一套完整的流程：早上一来，打水、化妆、开音箱，剩下的时间只要领导不在，就探头探脑地找人八卦聊天。这样的松散风格，自然逃不掉加班的命运。每次加完班她都恨恨地紧咬嘴唇："明天我一定要好好利用时间，努力工作。"然而第二天看到她依然是喝水，八卦聊天，之后下班了工作还没有做完，又苦哈哈地加班。有一次单位实行了新的绩效改革，没完成月初目标的要扣除当月的奖金，她的低效率工作态度让她那个月没拿到一分钱的奖金。经理宣布完奖惩制度，她信誓旦旦地和我们宣布，今天开始告别慵懒闲散的工作态度，也紧张起来，争取把扣除的奖金赚回来。然而口号喊得很美满，现实却是很骨感，第二天上班她又重复了以前的工作模式，第三天第四天，整整一个月，都是一样的工作模式，乃至整整一年我看到的她依然是上班喝茶聊天，下班点灯加班。有一天我忍不住提醒她,你就狠下心来先工作不好吗?她摊开手看了看我说:"我也想啊,可是我就是管不住我的手和身体,还有嘴。"

她的一句话道出了她沉迷于此的原因,管不住。

她管不住自己,所以让自己听之任之。听之任之的结果是,自己的头脑里已经没有了紧张工作的基因。网络上流行一句话,千万不要在需要奋斗的年龄选择安逸,潇潇就是错误地在本应该奋斗的年龄选择了安逸和散漫,结果,中了安逸散漫的毒。潇潇的结果是很悲催的,到了年底,不仅年终奖被扣去大半,也被老板炒了鱿鱼。其实她原本不至于此的,是她自己把自己逼到了绝境。

你怎样过一天,真的能决定你会怎样过一年。而你怎样过一年,可能就怎么过一生。这句话在我上大学的时候,我的老师就告诉过我。

当时我们大一,经历了高中三年炼狱式的生活,到了大学我就像到了人生的顶点,不再按时上课,认为逛街、打游戏、交朋友才是我们生活的重心。有一天,因为临近考试,害怕挂科拿不到毕业证,我和室友美眉只好强睁着眼睛到教室上课,没想到上课的人寥寥无几。偌大的教室,只有一个老师和十几个学生,我的情绪再也调动不上来了,没撑上几分钟就趴在了桌子上。临近下课的时候突然发现老师站在我的身边。老师说:"同学,我看见你好几次在我的课堂上睡觉了,我讲的课就这样没有吸引力?"我不知道怎么样解释,只好尴尬地站起来摇头和摆手。老师顿了顿,看着大家说,"别小看你们现在的状态,你们现在的学习态度,可能就是你们将来的工作态度,你们如果要是还以这样的态度来上课的话,我保证,你们的未来不会找到好工作，也不会有像样的生活的！"

听了老师的话，我一下子精神起来，顺便开始反思自己上大学以来的种种表现，整个一学期，除了看了若干部电影，泡在图书馆里看了几本小说外，其他时间我都是赖在寝室里打游戏、逛淘宝、聊天，和同学们四处逛街、吃火锅，结果肉长了半寸厚，眼镜片增加了厚度，知识储备量却一点没有增加。想想自己拼命考大学就是为了以后过上好生活的，心里一阵凄凉，如果真像老师说的那样，将来找不到好工作，过不上好生活，这个大学我上的真是没有意义，也真的白费了爸爸妈妈的苦心了。

老师的话如醍醐灌顶，从此以后我再也没有缺过课。我们读的是大专，三年级的时候，我在这位老师的建议下，报考了另一所大学的本科。

备考的那段日子真的是一段艰苦的日子。我基础薄，每一科几乎都是我的绊脚石，尤其是英语。我是在小镇子上的小学和初中，英语底子相当薄弱，学起来非常费劲，可是为了让自己十年的寒窗苦读不白付出，我起早贪黑地背单词，还到别的学校去蹭专业的英语课。

整整一年，我像一支上弦的箭，铆足了劲学习。一年后如愿考上了另外一所大学，见到了不一样的风景。经过那一年鏖战，我对学习保持着永久的热情，对知识也总有一种强烈的饥渴感。总想着挤时间读书学习。气得男朋友不止一次地说我怎么就那样愿意学习呢？

套用老师的话说，因为那年的奋战已经让我把学习当成了一种习惯，我享受学习带来的充实感。后来有一件事让我发现习惯的重要，那件事情是发生在我邻居身上的。

我的邻居是一个酒徒，每天都在外面和朋友喝得酩酊大醉，醉了回到家里就和妻子吵架，他妻子脾气不好，吵架之后就背着孩子上火车站买车票回娘家。妻子的娘家在山东，好几千里地，娘家人一直不看好他，总吵着让妻子回去。看见妻子背起孩子，他就慌了，磕头作揖地请求妻子不要回家，并信誓旦旦地发誓戒酒。可是第二天还是那样。如今三年了，他的酒还没戒，日子倒是越过越落魄了。

在他这里，不是怎样过一天就怎样过一年了，是怎样过一天就怎样过一生了。

一屋不扫，何以扫天下，连一天都把握不好的人，又怎么能扛起责任，让人信任？有人觉得自己迷茫，很多的时候是发现了自己的问题还不想改变。自律其实就是一种改变，和自己以前的方式说拜拜，开启一个新的生活模式，才能迎来新人生。

3. 不行动，别人的精致永远不能成为你的未来

　　有一段时间我在小镇上居住的表姨家的妹妹迷上了时尚杂志，每次我回老家都让我给她带几本过去。对此我非常好奇，因为这个妹妹既不是大学生也不是白领，住在小镇上也没有太高级的消费和休闲场合，怎么会对这类杂志情有独钟呢？

　　有次我实在按捺不住好奇，问她原因。她没正面回答，只是指着杂志反问我："你不觉得这上面的模特都好漂亮、好有气质吗？我这辈子不能像她们那样了，看看也就当养养眼睛吧！"

　　原来是这样子。我瞬间明白了，小镇虽小，各种生活不便利，但是不能抵挡一个少女的爱美之心，表妹是在用这种方式感受"优雅"。

　　"既然你这样喜欢她们的举止，可以学起来啊！"我给她提出建议。照猫画虎，一般情况下，参照着杂志上的穿衣风格，行为举止，也是能修炼出优雅仪态的。谁知道表妹听了把头摇得和拨浪鼓一样："你说得好轻松，那是能学来的吗？你知道人家穿的那一套衣服多少钱，一双鞋子多少钱？"我笑笑，耐心地告诉她："你会错意了，

我是让你学学画面中模特的举手投足，再看看文章，学学里面的言谈举止，咱们不是学她们的奢华，是学她们的精致，早晚有一天你也能像她们一样优雅。"

表妹听了，这次把头摇得更狠了："姐，不是什么说说就行的，我可学不来，还是看看好了！"

我也跟着无奈地摇摇头，冲她这样执拗的态度，看来我说什么也无用了。只是，看了不学，你看再多的杂志，再怎么欣赏和喜爱她们的优雅和精致，又有什么用呢？人家还是人家，你还是你。你不行动，人家的精致，永远也不会是你的未来啊！

这让我想起了好友丽娜的故事。

有一阵子，好友丽娜抑郁了。抑郁的原因是她的合租室友练出了迷人的马甲线，无论到哪都能收获满满羡慕的眼神，而她，走到哪里永远都是路人甲，从来吸引不住别人的目光，平庸得就像路边的一粒沙子。

同学聚会时她撅着嘴气咻咻地向我们抱怨："什么时候我也能有她那样的身材啊！"

听着她声音里满满的羡慕嫉妒，我们给她出谋划策，你现在就可以健身，用不了多长时间也会拥有傲人的马甲线。这真是一个实用的办法，临渊羡鱼不如退而结网。谁知道丽娜听我们说完，撇撇嘴说："你们说得好轻松啊，好像马甲线随便就能练出来一样，要每天都锻炼的，我可没有那样的时间和精力。"

我们几个面面相觑，知道马甲线今生是和她无缘了。

丽娜的室友我见过，两年前还是一个略微发胖的姑娘，最近半年见她已经是一个身材曼妙的女郎了。估计这就是锻炼的功劳了。

我不知道她怎么这样快由微胖界走到了妖精界，但知道她一定付出了很多汗水。长在身上的肉是不会轻易掉下去的，何况又练出了迷人的马甲线。

没有哪一个成功不是付出汗水的。

而且我发现，随着身材的苗条，她越来越会打扮自己。以前见她总是 T 恤衫、哈伦裤，现在见她则是皮裤、短裙，要多时尚有多时尚，加上精致的妆容，简直就是优雅的代名词。

时间是最大的魔法师，短短时间就发生了丑小鸭到白天鹅的蜕变。

我告诉丽娜，想要变美就行动起来，只知道羡慕别人而不去行动，别说马甲线，任何美好的事物也不会降临在自己身上的。

谁知道，丽娜听了没有什么反应，反倒让我们几个给她留心一下合租房信息，自己的房子马上就要到期了，房子一到期，她想从室友那里搬出去，室友太精致了，她不希望给别人当绿叶。

这个理由让我们好气又好笑。世上没有哪个女孩子喜欢当绿叶，可是，不寻求改变，只是一味躲避，就能躲避掉当绿叶的命运了吗？不想当绿叶，只有马上行动起来，把自己变成一朵红花，不然走到哪里，都还是绿叶的命运。

看来如果一个人不愿意行动，真是连神仙也帮不了。

小杨是我身边在时间的魔法下发生蜕变的另一个姑娘。她是我们单位的另一个同事，没事的时候我们经常腻在一起看韩剧。有一天，小杨指着电脑中的韩剧说："我非常喜欢听韩语，你有没有发现韩语非常好听？"我拼命摇脑袋，我看电视，除了国产剧从来都是看字幕，根本没注意所讲的语言好不好听。

"我听着非常好听，小时候我们家邻居是朝鲜族，我就非常喜欢听她们讲话！"

"既然你那样喜欢韩语，那你就去学呗！"我盯着电脑屏幕，淡淡地回了一句。电视剧太好看了，我可没时间和她聊韩语。谁知道她拍了我一下，说："我怎么没想到呢，要么我们俩一起学吧，我们互相监督，一定会学得很快！"

我把脑袋摇得跟拨浪鼓一样，我可没心思学韩语。看我摇头，她无奈地说："好吧，那我只好自己学了！"说完没顾我的冷淡，跟着屏幕学了起来。我开始认为她是临时起意，心血来潮，可是接下来我发现我错了，她居然是认真的，还专门下了一个韩语app软件，只要有时间就跟着练习，更多的时候还拽上我帮她听写单词。现在她自己学习韩语已经大半年了，这半年的时间里，她不仅能听说简单的对话，拼写单词，连我们看的韩剧，也能简单翻译几句了。

以前听到功夫不负有心人这句话的时候，我都是当成段子听听的，一笑而过，因为真没看见下功夫之后带来的奇迹，这回看到小杨的成功逆袭，我终于相信这句话是真理。

心动不如行动，想和做永远都是两回事，想了不去做，什么都是镜花水月。

2017年，最火的主持人无疑是央视一姐董卿，年初她以《中国诗词大会》让大家爱上了诗词之美，之后的《朗读者》又让大家感受到了文化的魅力，董卿也成为优雅精致的代名词。但是深知事情始末的人都知道，董卿的这份大气与优雅在于她身后的文化积累。腹有诗书气自华，小时候读书读诗打下的气质基础，才让董卿变得卓尔不群，每一个信手拈来的从容都是生命里的厚积薄发。

我说的小杨，不仅学习上非常自律，生活上也是，肌肤吹弹可破，妩媚动人，尤其是脸色，娇嫩红润，让我这个比她年轻好几岁的人甘拜下风。我笑着向她讨要驻颜的秘诀，她却把我带到了她的化妆间，笑着告诉我除了好好休息，好好吃饭，在作息上调理外，也离不开化妆品的呵护，女人的肌肤是保养出来的，你不善待它，它也不会给你好脸色。

岁月从来不会厚待某些人，每一个光鲜亮丽的背后都有非比寻常的付出。如果不行动，别人的精致永远也不是你的未来。

4. 没有自制力，梦想再多也枉然

　　每年的年终岁尾，我的朋友圈就被一条条新年梦想刷屏：新年我要读100本好书；新年我要看电影20部，争取每部都拉片子（拉长片子，逐格逐段分析影片）、写影评；新的一年，我要用业余的时间学英语，争取考过六级；我要考下教师资格证，来一场说走就走的旅行……好像新年的钟声敲响，心中尘封许久的梦想也都被敲响了一样，大家都成了晒梦想达人。

　　朋友代代是刷屏最重的一个。元旦一大早，她就发了新年的第一条朋友圈：新年新气象，新的一年里，我要告别懒惰，读百本书，走万里路，做一个心灵和身体都在路上的自己！

　　这真是满满的励志号角，我们一大帮好友在底下给她点了一长串赞。不仅点赞，还有好几个朋友在下面留言评论，约她一起组团学习，我也在后面加了一起学习的留言。

　　我是一个做什么事情都心急的人，评论完之后就开始一遍遍和她确定什么时候开始，还组建了一个读书群，把大家归在一起商量，是一天一打卡呢还是一周一篇读书笔记。大家表现得都很积极，尤其是代代，嚷嚷着一天一打卡比较好，这样大家可以互相监督，接着大家你一言我一语地列出了一大串书单，并且商定，要是谁一天没打卡就罚她发十块钱红包。因为这个事情是代代提出来的，我们就把监督的权利交给了代代，由她每天对大家执行监管，具体的工作是由她发布大家的打卡信息，并且催收"罚款"。

一切事情商定之后，大家的情绪也进入了前所未有的亢奋状态，每天读书打卡在群里忙得不亦乐乎。代代也尽责，每天十点准时在群里公布大家的打卡情况，并且和大家聊几句她的读书心得。可是有一天晚上十二点了，我们也没有等来代代，而且连续三天都没在群里看到代代的身影。对于这个大家也是理解的，毕竟都有工作和家庭，谁还没有一个急事呢。第四天一早，代代终于出现了，不仅发了一个超大的红包，还有一段"煽情"的留言：这几天出了点小状况，忘记打卡了，自罚红包一个哈。

有红包抢谁还在意统没统计打卡呢，大家嘻嘻哈哈地抢了红包，并且调皮地留言：打不打卡没关系，收到老大的红包也开心。没想到代代也在，马上给我们发过来一个大大的笑脸。我们都是一班爱八卦姐妹，当然不能放过深扒她的机会，七嘴八舌地让她交代出了什么状况，一下子消失好几天。代代沉默了两秒钟说也没干什么，就是看《三生三世十里桃花》着迷了，熬夜追剧，剧追完了才想起来有一件大事没做呢，说完又发了一个萌萌的表情，告诉我们下不为例。我们也没怎么计较，跟着嘻嘻哈哈笑闹一阵，各自散去了。接下来的几天，群里又恢复了刚建时候的热情来，打卡聊书，每天不亦乐乎。谁知道热乎劲还没过去，代代又在群里消失了。这次消失的时间不长，两天而已，不过两天之后并没有送上"认罚"红包，还东拉西扯地和大家闲聊些别的事，唯独不提读书和打卡，闲聊之后却在群里面发了一个新的倡议：身体是最宝贵的财富，新的一年，每天慢跑一千米，做一个跑步达人，组团对抗懒癌，争取遇见更好的自己。

我问代代那个读书的计划不进行了吗？她说进行啊，不过现在想提升的人都开始跑步了，不用担心，一个是身体，一个是心灵，两个可以同时在路上的。这句话又迎来了高赞，大家七嘴八舌地开始谈论什么时候开始跑。不怎么说话的晓婷却提出要退出。

我和晓婷也是多年的朋友了，一个很上进的女孩，平时只要听到哪里有学习的课程都会跑过去听课，很好的组团对抗懒癌的倡议，她第一个退出，怎么都让人觉得不可思议。我跑过去追问她退出的真正原因。她反问我，你知道代代消失的那两天做什么去了吗？代代去参加同学聚会，聚会玩得很嗨，嗨得没心思到群里打卡学习了。上次为了追剧忘了进群，这次又为了聚会不再上心进群，跟着这样没有自制力的人组团，害怕自己有一天也被磨灭热情，不如早退。

晓婷的话，让我想起了我和代代的一件事。

我和代代相识也几年了，相识的地点就在网上，忘了什么原因加的微信，之后我就经常看见代代接二连三地晒她的梦想。代代的梦想很多，每次所晒的都不相同，我便对她产生了好奇，心想这样一个梦想满满的女孩一定是一个有趣又励志的女孩子。一次，我问她，你这么快就晒出了新的梦想，那些梦想都实现了啊？她发过来一个惊讶的表情说："哪有那样快就实现的啊，要是那样，你把梦想想得也太简单了！那些梦想都没实现呢！梦想实现是需要时间的，我正努力实现。但是谁也没有规定在完成梦想的时间段里，不能有新的愿望啊！梦想也会随着你的经历和阅历不断提高的啊！"

我为她这句话马上路转粉。谁也不能阻止梦想飞来，尤其是追求进步的人，总梦想着攀登更高的山。我不由得在心里为这个小姑娘鼓掌，现在这样有冲劲的人可不多了。

那次的聊天之后，我们的友情近了几分，又打听到是同城并且住的地方离得也不远，就成了现实朋友，没事的时候经常聚在一起。可是不久我就发现代代并不像我想象的那样"励志"。

事情缘起一次逛街。那天闲来无事，我和代代约好一起出去走走，正好走到了图书馆旁边。我喜欢读书，逢书店必进，图书馆自然更不能错过。我知道代代也喜欢读书，并且还有一个读三十本好书的计划，就想进去看看。谁知道还没等走进去，就被代代拉了回来，代代告诉我天都快黑了，我们又拎了大包小包的东西，不适合逛图书馆，不如改天专门过来看书。我想想也是，就打消了进入的念头。谁知道再约她看书就没有了时间，不是陪孩子要追剧，就是要在家里补觉，气得我到她的出租屋里去"兴师问罪"。

我去的时候她正一边嚼爆米花一边打一款游戏。看见我来了，尴尬地从沙发上站起来不说话。我没好气地问她："你不是没有时间吗？怎么在这里打上游戏了？"她尴尬地笑笑说，"孩子回来说这个游戏好玩，我就跟着玩两下，别说还真挺好玩的呢！"说着又给我拿饮料，又请我吃爆米花，告诉我别生气，有时间一定陪我去图书馆。我被她哄笑了，告诉她，我不是为了她不陪我去图书馆生气，而是生气她一拖再拖，明明有时间在这里打游戏，却说没有时间去图书馆。见我生气，她噘着嘴耍赖："上了一周的班，周末还不得放放松啦！""那你的计划呢？打算怎么样完成啊？"我极不友好地怼了一句。谁知代代脸上呈现出一种打了鸡血的兴奋："追梦也是需要一个过程的，循序渐进，只要我们努力，早晚有一天都会实现的。"

　　我细细一想，也真是这个道理，便收起了"兴师问罪"的心思。不过在心里却悄悄给了她一个"差评"。总觉得代代的说法哪里不对劲。

　　今天经晓婷一说，我才知道不对劲的地方：生活固然很辛苦，游戏也固然很有趣，但是作为一个成年人，应该知道事情的轻重缓急，应该知道自己要的是什么，应抵得住诱惑，管得住自己，有一定的自制力。如果这点自制力都没有，还谈什么理想。相识代代好几年，看到她晒了若干梦想，可是回想起来，她实现的还真不多，确切地说根本没有实现，那些梦想就是她喊的口号而已。实现梦想是需要付诸行动的，作为经常混在一起的朋友，我真的没看见她为梦想怎么努力过，好像她为梦想所做的努力，仅仅是把它们从自己的脑海里搬到了朋友圈上。

　　想到这里，我也悄悄退了群。不是我没有主意，而是晓婷的问题点醒了一件事，连一点自制力都没有，梦想再多、再美好又能怎么样，还不是水中月、镜中花？鱼和熊掌不能兼得。既想要提升，给自己加码，又想要享受娱乐生活，世上哪有这样两全其美的好事。

去年，知道我喜欢跑步，并且在市里大大小小的比赛中得到了一些小成绩，我们办公室有一个同样喜欢运动的小姑娘找到我，要和我一起组团跑步。她说这样我们可以互相交流，互相监督，早日练就完美体魄。我当然欣然应允，毕竟现在喜欢运动的人不多，一个单位遇到同样爱好的人更是不容易。

开始的时候小姑娘热情非常高，几乎每天早上和下午我们都要在单位下面的小公园跑一会儿，可是后来小姑娘的热情却一点点淡去了，有时候好几天也不见她叫我跑步，我出去跑她也和没看见一样。有一天我实在忍不住问她是不是觉得跑步太枯燥，准备放弃了？她轻轻一笑说，不是，自己也梦想着拥有健康的体魄，还梦想着成为旅行家，到时候开着一辆车自驾游，工作游玩两不误。

我心焦地追问："真是这样的话，你怎么不运动了呢？要知道停下来再开始等于重头再来了。"她嘻嘻笑着说："我当然要运动的，可是最近事情太多了，搞得我总静不下心来，等有时间我一定补上的，不会让你失望的。"人家小姑娘都这样说了，我当然没有什么话可说，可心里隐隐觉着她不会再跑步了。因为我知道她静不下心来的原因，最近春节刚过，她忙着参加一场又一场的同学聚会。

人都是需要朋友和社交的，这一点可以理解，可是聚会回来之后的空闲时间，也是能运动一小会儿的。一点都没有约束自己的能力，还怎么能奢望在梦想的路上披荆斩棘？

不过话说回来，管自己其实是世界上最难的一件事，人们往往对别人严苛，唯独对自己宽容，总是能给自己找无数个理由和借口逃脱。这是人自我保护的本性，保护自己不受伤害。可是一味地"放过"自己，只会让自己在追梦的道路上停滞不前。那时候，任凭你有多么璀璨的理想，也都是黄粱美梦。

5.混，永远走不出迷茫

这是我和小玉的故事。小玉是我单位的同事。

一天小玉和我聊天，上来就抛过来一句："咱们这是干什么呢，我感觉咱们像是在混。"我哼哼哈哈地答着："谁不是呢？一天天，一年年就是在浪费青春。"小玉点点头，低头掏出了手机。

几年前我们一起被分到这所城郊小学，因为受撤点并校政策的影响，学校生源逐年减少。所以，虽然是公立教师，但是面对偌大的操场和越来越少的孩子，荒凉和迷茫的感觉一次次从心里冒出来。

这次聊天的话是她起的头。她说，去年刚来的时候，她更难受，干着干着真不想干了，总觉得在虚度光阴。

我问她，不干这个，你干什么？她说没什么干的，也不知道想干什么，也不知道能干什么，这么多年泡在学校里，已经不知道自己想干什么了。

我明白了，她说的迷茫，不是和我没话找话的聊天，而是真的迷茫啊。因为不知道干什么而迷茫，因为无所事事而迷茫。

而我哼哼哈哈地对她说："是啊，是啊"是应付，我的事情忙不过来。临开学前，我接了一本书稿，一个月十万字。还有十天就是书稿的交稿期，我正在争分夺秒地赶稿。

半年时间，我写了几个剧本和零散的稿子，赚了不太多的钱，却积攒了很多人脉和机会。时间没有因为我赋闲而显得充足起来，相反，想做的、要做的事情太多，时间变得更加捉襟见肘。我是先接的书稿，后来的学校，接书稿的时候想好了，以后就做图书，有了第一本一定有第二本。

而除了赶书稿，我还有很多事情要做。小时候我就有一个梦想，用自己的笔画出天下最美的景致，所以，写作之余，我还要学画画。虽然喜欢了很多年，但是我没有一点基础，画出的东西也只限于自己欣赏的范围，需要从头学起，现在公众课，网络课如雨后春笋，各种技法都有达人教授与分享，学习途径完全没有问题，要的就是拿起笔来行动。

除了画画，我要做的其他事情也很多，又有一个已经进入青春期的孩子需要做好辅导，现在的孩子非常有思想，经常把自我，叛逆挂在嘴边，要在他们的青春期和他们和平相处，就要多学习，了解他们的心理，我没有时间谈论时间无情、生命无聊等这些虚无缥缈的话题，有一点零碎的时间，我要学习怎样走近孩子的心，和他相处。我没时间苦叹，也没时间迷茫。

迷茫几乎是每个赶路的人都会遇到的难题，主要看你怎样去面对。

有一天，我一个在读大学的小外甥女晃动了我的对话框，她隔着屏幕问："小姨，你说我现在是不是要考个什么证书啊？同学们都在考！我没主意，想让你帮我参考参考。"我敲过去一句话："那你想好考什么了吗？"她在那边沉默了，良久敲过几个字："不知道，不然每样都考一个！"接着是一串偷笑的表情。

我摇摇头苦苦笑，这个孩子迷路了，迷失在人生的十字路口。

谁的青春不迷茫？每个人的青春都会迷茫的，只是青春不怕迷茫，怕的是永远迷茫。

我上初中时就面临了她现在遭遇的难题，倒不是我有多早熟与懂事，而是当时的环境和条件控制着我。

我在一个小镇读书，小学毕业，学生就已经流失过半了。一部分是因为无心读书，更大的一部分是无钱读书。我就应该算在无钱读书的行列，家里的几个亲戚掏的学费，让我维持到初中毕业，于是问题来了，我是毕了业直接辍学帮家里，还是继续上学；我是读有大前途的高中，还是读一个中专赚钱养家；我是读本地的普通高中还是读市里的重点高中，这几个问题一个个轮番纠结我。当时我16岁，灿烂的花季，有多少美丽的事情等待我去追寻，可是我被这几个问题纠结着，对外界没有丝毫的兴趣，我的世界是灰色的，对世事还处于懵懂状态的我，开始体味到迷茫的滋味。

迷路的后果是我的成绩严重下滑，健康也每况愈下，每天灰头土脸，昏昏沉沉。终于，在中考前的最后一个月，我病倒了，养病期间，我和妈妈说，我还是不去读书了，之后把书包藏在了柜子的深处，妈妈惊异地看着我，狠狠地说，不读可以，但是你要保证以后不后悔！我愣住了，虽然不知道该如何是好，但是我知道，现在退学以后就再也没有上学的机会了，相当于我没有了退路，我不敢保证不会后悔！

于是，我又背上了书包。一年后，我坐在高中的教室里。

坐在高中的教室里，我感觉自己和大学的距离只是课桌和黑板之间的距离，美好的未来已经在前面闪着金光，好像我一伸手，就能摸到理想的翅膀。谁知道不久我开始了第二次的迷茫，父亲因病重而过世，饥寒交迫的家里不是缺一个大学生，而是缺一个赚钱养家的人，挣扎了许久，我选择了退学。

属于青春的迷茫从我退出校门那一刻开始伴随我。我不停地辗转一个个城市，尝试不同的工种，想用身体的乏力来冲破迷茫的魔咒。我是徒劳的，工作做了很多，钱也赚了些许，可是越来越疲惫，越来越觉得没有了方向，我像一只丢翅的蝶，跌跌撞撞晃荡在青春的路口。

实在是找不到路，我依从了妈妈的建议，回家乡结了婚，生了儿子。有了儿子，人生有了新的意义，我要做一个好妈妈，陪孩子成长，孩子一天天长大，我的这个愿望就一天天强烈，强烈到孩子上幼儿园，我还想伴随着他。

这个时期，我通过自学考取了教师资格证，而后学校教育系统扩编，我如愿成了教师队伍中的一员。像小玉一样，我刚来这所小学的时候也被迷茫和无聊笼罩，后来不甘心这样下去，开始了写作。

和迷茫搏斗了若干年之后，我终于冲破了迷茫的青春魔咒，找到了人生的密码，也许我太甘于平凡了，但是这真是我想要的生活，我喜欢并且甘之如饴。

那天看到小外甥女的留言，我仿佛看到了当年被迷茫的雾霾层层包裹的自己。我好心疼，却无能为力。未来是不可预知的，只有经历了，才知道自己追寻的是什么，没有失败和挑战，哪来的取舍？
最后我隔着冰冷的屏幕，敲过冰冷的话语："小姑娘，谁的青春都
迷茫，我希望你接受这个挑战，早日找到属于你的破解迷茫的密码，
开启属于你的未来。"

6. 初心是一点一点努力向前

这两年，初心这个词在网络上掀起了一股巨浪，多数年轻孩子的 QQ 签名上都写过这样一句话：勿忘初心，方得始终。更有人痛心疾首地自责：为什么走着走着，就忘了为什么出发？好像大家在成长的过程中走着走着都迷了路，成了迷途的羔羊。就连小我几岁的表妹也在微信上给我留言：姐，怎么长着长着觉得越来越迷茫呢，都在说初心，初心到底是什么呢？

是啊，初心到底是什么呢？

我有一个闺蜜，从小细胞里就藏着文艺的因子，幻想着长大能有人读她写的故事、看她画的画。但是，现实总是和理想差得很远，她上学时候成绩并不好，尤其是作文，不仅没有得到过老师在班级里宣读的殊荣，连一个稍微高点的分数也没有得到过。这让她对自己的梦想产生了怀疑，一个连作文都写不好的人，还想当"作家"，不是痴心妄想又是什么？后来考了学，上了班，有了工作，见识了许多厉害的人，这个梦想就更加深埋心底，不过她喜欢阅读的习惯没有改变，没有事情做的时候总是用一本书打发时光。

　　她当时住在十八线小城，没有图书馆和大型的书店，能买到的书的种类屈指可数。在这屈指可数的几种图书里，她最喜欢看的是《意林》，不仅仅是因为其中的故事短小，还因为价格亲民，10元钱可以买上好几本，翻来覆去可以看上好多天。有一天她闲来无事翻看杂志，看到了杂志刊登的一条征稿启事，启示中说稿件如果被刊用，每篇支付200元的稿酬。当时一个月的月薪是500元，而这500元生活下来可谓是捉襟见肘。这个启示一下子激起了她的写作梦。她告诉自己，不求多，能赚到200元钱的稿费就好，起码可以改善一下生活，还可以尝试下收到稿费的喜悦，因为有几个写作的网友说过，第一次收到稿费单子手都会抖，心里像吃了蜜一样甜。

　　为了尝一下这种喜悦的滋味，她开始写一些小文章，并在网上找邮箱投出去。没有写作的底子，稿子也是乱投一气，结果可想而知，投出去的稿子都石沉大海，杳无音讯。她说以前从来不相信迷茫这个词，但是这一而再的打击让她不得不惶恐和迷茫，开始怀疑自己是不是写文章的材料。她的网友里有几个写文章的朋友，自己实在排解不了，就向他们求救。他们是极温和耐心的人，告诉她，报纸的副刊文章写起来相对容易些，初学可以先从副刊入手，开始的时候要只问耕耘不问收获，只有静下心来才能写好文字。她如获法宝，天天在网上看数字报，找邮箱，写稿投稿。功夫从来都是不负有心人的，没过多久她的文章就变成了铅字。随着发表数量的增多，她开始不再满足于报纸上那一个个巴掌大的面积，想要拓宽一下领域。

她第一个选择的是《意林》杂志，《意林》的口号还是"一则故事，改变一生"，她也想让她写的故事改变某一个苦苦寻觅的人。刚好，加入的几个写作群里有杂志社的编辑，她便追过去要杂志社的约稿函和样文揣摩学习。什么事情都没有说得那样简单，没多久就吃了闭门羹，文章百写不过，有好几次她都想不再攻杂志，回头继续写报纸副刊的短小文章，可是写起来心里又非常不舒服，好像自己走了一段路又折回来一样，感觉怪怪的。

　　那一段日子是她写作以来最难挨的时光，知道路就在前方就是不知道该怎么往前走，有好几次冲动地想把所有写过的文章都删除，就当自己从来没有写过它们。可是实在狠不下心，那些可都是自己日夜的心血。那段日子她每天睁开眼睛所想的事就是要不要停下笔不再写作了。真是迷茫得有些可怕。

　　让她走出迷茫的是突然飘来的一本杂志。这本杂志当然不是《意林》，是一个企业的内刊，名不见经传，但是就是这个杂志却给了她一道光亮，她为什么盯着一本杂志不放，何况还是顶尖的大杂志？应该像小学生那样一点点来，把要求放低或许能早一点得偿所愿。事实证明她的决断是正确的，老天终究是爱笨小孩的，三个月后，她的文章敲开了杂志社的大门，接着是敲开一个又一个杂志社的大门。

　　她以为这就是她写作的高峰了，然而这仅仅是一盘开胃小菜。没多久，编辑开始和她约稿，当地的文联找她协作电视剧，喜从天降的同时难度也从天而降，这些领域都是她没接触过或者不太熟悉的，她好像每天都在攀登山峰。而她的想法，在一次次登山的过程中也发生了转变，早已经不是靠着稿费赚点零花钱的那个最初的想法，而是写出更好的文章，让更多的人读她的文字。

这个想法，与当初的想法简直是天壤之别，难度也可想而知，可谓前路漫漫。可是相反地，她却没有了刚开始写作时候的迷茫，反而越来越从容自信，目标也越来越清晰明确。好像天生就应该与文字为伍，早晚有一天她会登上更高的山峰。

心理学上有一个唤醒内心驱动力的说法，闺蜜已经通过一次次的努力，唤醒了内心沉睡的那颗种子。短短两年，她收获了两本书，数个获奖证书，两个电视短剧。虽然成绩不多，但都是努力的证明。写作上，她不仅能娴熟地游走在副刊和杂志间，小说剧本也成了新领域。她也从最开始迷茫地不知道朝哪个方向走的文青，成长为一个写作人。回头看看，这仿佛和当初写作的初心也发生了背离。当初只是想证明一下自己，顺便改变一下自己的生活状态，而现在却走出这样远，是当时说什么也不会想到的。她是逐渐进步的，每一步除了有汗水的足迹，也收获了成功的芳香。她没忘为什么出发，却找到了一个更好的出发意义。初心不是停留在原地一动不动地等着你回来找她。

想起来很早以前听到的一个故事。故事发生在 20 世纪 70 年代。由于物资匮乏，当时人们的生活水平普遍不高。有一天老师在课堂上问同学们，你们长大了最大的心愿是什么？一个同学说自己最大的心愿是每天都能吃到猪肉白菜馅饺子，一个同学说自己长大了要买许多许多的糖，怎么吃都吃不完。后来同学们都长大了，那个说梦想着买很多糖的孩子正每天想着怎么样把血糖减下去，而那个梦想着天天吃饺子的孩子，已经在吃素了。

初心和孩子的愿望其实很相像，孩子们随着年龄的增长，阅历的增加，愿望会有所改变；初心也一样，随着你年龄的增长，阅历的增加，一点点被修正、被调整，变得更加清晰和明确，饱满和丰盈。初心开始的时候只是一个理想的花苞，当你努力前进的时候，初心就会成为一个娇嫩的花蕾，只要你坚定前行，最终就会结出硕大的果实来。

我的同学徐睿就是一个善于调整初心的人。

徐睿是一个苦孩子，小时候家里生活困难，看到爸爸妈妈每天在外面做工非常辛苦，就发誓一定要努力学习，长大让家人过上好日子。转眼徐睿长大了，由于学习成绩优异，很快就在一家世界500强的公司找到了工作，不久就把爸妈接到了自己身边。按道理他小时候的梦想已经实现了，可以踏踏实实的工作，未来无忧了。可是工作了两年之后，他竟然从公司里辞职了，辞职的理由非常简单，虽然自己生活富裕了，但是自己的家乡还很贫穷，他想回家乡带领大家致富，让人们都过上好日子。家人们对他放弃高薪工作的做法非常不理解，但他还是义无反顾地申请了大学生村官。回到乡里之后他发挥聪明才智成立了新型农村合作社，带领乡亲们种田、养鱼，短短三年的时间，合作社的净资产就超过了1500万元，乡亲们如他所愿地摆脱了贫困。只是不同于留在城市里，风吹雨淋，徐睿变成了一个地道的庄稼汉子。

同学小聚，我们会开徐睿的玩笑，问他："你放弃了城市里的高薪和优质生活到下面受苦，后不后悔？"他爽朗一笑："后什么悔？

我为什么要后悔呢，当初是想让我爸妈过上好日子，现在是让乡亲们都过上了好日子，我这是把我的初心升级了！"

是啊，调整初心，把初心升级，让它跟上你努力的脚步，初心就不会被遗忘，更不会走着走着就把为什么出发给弄丢了。

有了明确的前进方向，初心不是你回过头来她还在灯火阑珊处，而是你向前走，她便如影随形。

第 二 章

还在焦虑？那是你没开启自律

这些年焦虑好像成了年轻人生活状态的代名词，每个人都可以痛诉上一两件让自己焦虑的往事。焦虑也像是一个魔咒陷阱，被吸进去的人，很难尽快走出去。

焦虑真的就"无药可医"吗？网络上曾经流行一句话：焦虑就是，你做得太少，想得又太多。如果把你的业余时间填满，你就会发现自己没有时间和心思去焦虑。

1. 想和做永远都是两回事

　　深夜十一点，我的微信跳出这样一段话："姐，我最近特别焦虑，每天都烦躁得睡不着觉，你能陪我聊一会儿天吗？"

　　我发过去了一个"Yes"的表情包。

　　给我发消息的是我的远房表妹，一个 92 年小女生。大学毕业就跑到我所在的城市租了房子，可是工作上却因为高不成低不就一直没有着落。聊天的内容我多半能猜到，前两天我们一同回家乡参加一个亲戚家女儿的婚礼，亲戚的女儿和表妹同龄，不仅有一个好工作，还交了一个很好的男朋友，风风光光地办了婚礼，让表妹羡慕和郁闷。更让表妹郁闷的是，这次回乡表妹见到了不少同学，她们不是在外面学有所成，就是在家里成家立业，最不济的在镇上盘了一个门面，小生意也是做得红红火火。独独表妹，要工作没工作，要男友没男友，要发展没有发展，表妹离开的时候满脸的不高兴。

　　今天表妹烦闷的原因大抵如此。

　　果不其然，当我问她什么事情让她大半夜睡不着觉时，她噼里啪啦地发过来一大堆语音，大致的意思是，现在知道自己该做什么，又什么都不想做，焦虑得要死，又不知道怎么样排解，问我该怎么办。问完我之后又告诉我其实自己也不是不思进取，也想着学个一技之长将来在社会上立足，就是不知道学什么。我告诉她可以去学拉丁舞。她小时候就学过拉丁舞，而且还颇有天赋，多次代表学校到市里参加拉丁舞比赛，还获得了不错的奖项。只是后来她妈妈说考艺术学校费钱，并且竞争压力大，将来不好找工作，考大学的时候她才没报考艺术学校。她听了连忙发过几个"不"字，说自己虽然看见舞台上的拉丁舞表演，身体的每个细胞都会跟着跳舞，也想着有一天登上绚丽的舞台，但是现在却提不起一点儿学习的劲头来了。

我无奈地叹口气，想了不去做，再美好的憧憬又有什么用，除了能有一些心里安慰，对人生一点意义也没有。

朋友娇娇给我讲了她去年险些被"焦虑"套牢的故事。因为公司拓展业务，娇娇被调到了一个新成立的分公司做市场运营。虽然业务范畴没变，但是工作的环境变了，工作的对象变了，工作的强度也变了——因为一个主管的亲戚被走后门安排进了公司，老板发话说，如果她不在两个月的时间里打开市场，就卷铺盖走人。

这是一个明显赶人的逐客令。娇娇的公司是硬挤进这个城市的，没有一点市场份额，人生地不熟，又没有消费者基础，打开市场不是说说那样容易，而娇娇在这个公司干了三年，不说有感情，也习惯了，根本没动过离开这家公司的念头，并且被人灰溜溜地挤出去，对她以后的求职和发展会有一定的影响。开展不了工作，又不想丢掉工作，她开始了从未有过的焦虑，整夜整夜睡不着觉，掉头发。平时从不吸烟喝酒的她，竟然还学会了喝酒，结束一天毫无进展的工作之后，在出租屋里用酒精麻醉自己。可是借酒浇愁愁更愁，喝上酒之后，她更加不愿意出去跑业务。有时候连续好几天躲在出租屋里。

有一天，她又把自己灌得酩酊大醉，躺在床上呼呼大睡，房东太太叫醒了她，说请她马上找房子搬出去，自己不希望租房子给一个酒鬼住，而且还是个"女酒鬼"。娇娇声泪俱下地请她让自己住下来，因为在这个陌生的城市，娇娇不认识任何人，离开了这里真不知道到哪去。她告诉房东自己不是一个"酒鬼"，原来是滴酒不沾，只是工作上遇到了困难又不知道怎么解决才喝醉的。房东听了后突然激动地敲起了桌子：公司业务拓展不了，你就应该想想办法、找找原因，喝酒算什么本事，要是喝酒能把困难解决掉，所有人都喝酒去了！说完给她下了最后通牒，在这里住就不能喝酒，好好去工作，不然就马上搬出去。

房东走后，娇娇趴在床上大哭了好一阵子。哭过之后发现房东说得很有道理，自己这样消极下去，不仅于事无补，反倒会早早地失去这份工作。既然自己不想失去这份工作，就要把这份工作握在手里。她们公司的产品是一款学生用的正姿笔，正姿笔的使用者是学生，她就加了当地很多的学校群，又印了很多精美的宣传单到学校门口发放，还自费买了很多小礼品送给路过的学生。除此之外，她又和当地的文具商店合作，让他们代卖，甚至突发奇想地利用周末时间在一个小学对面的广场开了一场小型的"展销会"。事情的转机就出现在这个"展销会"上。一个幼儿园园长对她的产品非常感兴趣，提出可不可以到园里进行一次展示，她想将产品介绍给家长，因为现在小孩子拿铅笔的姿势普遍不标准。

娇娇当然是点头同意。

在园里的展示办得很成功。有不少家长买娇娇的产品，还有的家长说要推荐给别的家长和培训班的老师。一个月后娇娇的业务彻底在这个城市打开。

正式出任公司销售主管这一天，娇娇请房东太太到一家很贵的餐厅吃饭。告诉她，不是她的醍醐灌顶，自己说不定真的就卷铺盖滚蛋了。房东浅浅一笑说："谁的人生都得遇到坎儿，迎上去面对它就能打败它，想打败没用，得真正去做、去行动才有用。要是消沉下去，迟早会被坎儿打败的。"

娇娇说，经历了事情的沉浮，房东的话她信！自古想和做始终都是两码事，想得再美好，都是镜中花、水中月，只有行动起来，事情才会真的出现转机。

悟空问答上一道问题戳了心：你为什么生活在社会底层，还不想着改变自己？

还有一句话更戳心：比你牛的人都在努力，你还有什么理由止步不前？

我们有多少人整天抱怨自己拖了国家的后腿，自嘲享受着国家的贫困户帮扶津贴，痛骂社会不公平，阶层固化，穷的穷，富的富，却独独忘了从自身想想，你为什么生活在社会的底层？不要说没有高官的爹妈，不是霸道总裁的嫡亲，那些都是借口。哪朝哪代都有从草根奋斗到顶点的励志楷模，寒门也可以出贵子，只不过寒门贵子走的路要艰难得多。很多年前一篇文章《我奋斗了十八年，只为了和你坐在一起喝咖啡》在坊间广为流传，足以说明这个问题，你拼尽全力奋斗的顶点，可能仅仅是某个人的起点，甚至，有不少含着金钥匙出生的人，他们的起点，比我们的终点要高一万倍，任凭你拼尽全力,也难以企及,但这些都不能成为我们不奋斗的理由。"我不为了和你一样显耀,但是,穷人的孩子早当家,我可以通过我的努力,让我的家人生活得更有底气。"

　　这句话解气又霸气,可是这样霸气的一句话,只有真正行动起来,才能成为现实。马云有一句超霸气的话:为什么你很平庸,因为我在做,你在看!我还在做,你还在看!

2. 时间安排到秒，哪有空焦虑

小妹安安给我微信留言："姐，你现在焦不焦虑呢？"看着留言，我笑了，这个小丫头遭遇焦虑了。

现在焦虑几乎成了成年人的一个常态，多数人都能列出一大堆让自己焦虑的事情来。可是，焦虑似乎对于我的朋友小娇来说已经是过去式。她没有焦虑的烦恼。如果硬要想出一两件来的话，那就是时间不够用。如果一天有 48 小时或者更多才好，她才有充足的时间做她想做的事。

小娇是我朋友圈中最忙的一个人。她是一个公司的策划，还额外做了好几个兼职，每天把自己忙成了一个陀螺。

12 月的第一天，她刚把手上的一个项目做完，接到了合作多年的一家培训学校创办人的电话，问她有没有时间讲课。课好讲，一周一节课，每节课将近两小时，一会儿就过去了，但是课前需要准备课件，课后还要点评批改学员的作业，时间占用得不少，她们已经合作多年，还想尽可能地多合作几年，所以她想都没想就答应了。

而就在前一天，她还应邀做了一家公司的图画设计师，那家公司给她发来信息，说公司最近在筹划大型项目，打算请她担任总设计师……

　　都说鱼和熊掌不可兼得，要学会断、舍、离。可对于她来说，每个都是机会、都是尝试，机不可失，时不再来，她都舍不得放弃。不放弃就要抓住，大量的阅读和学习就必不可少。为了补充自己的不足，她又给自己强加了计划，每天读三十页的书，做一下笔记，这些事情的加入使时间变得寸秒寸金起来。她还做了一个规整的时间表贴在墙上，用于提醒自己什么时间干什么事。但是时间真是太吝啬了，即使自己安排得这样精细，还是捉襟见肘。她说她不敢焦虑，害怕焦虑占去不多的时间，她也不用焦虑，因为忙起来就没有必要焦虑了。

　　网络上曾经流行一句话：你做得太少，想得又太多。焦虑就是，做得少，想得多。

　　我前几年也在焦虑的泥潭里奋力挣扎过。

　　那时候我刚从大学毕业，能力有限，找工作并不顺利，看着周围的同学都找到了好工作，并且做得风生水起，想想自己一事无成，焦虑得不成样子。但是焦虑真的不能解决问题，相反会把人逼到另一个路口。四处碰壁之后，我动了回家的打算。我的家在一个小得不能再小的镇上，小镇没有那样多的竞争，日子相对安稳。可是把想法和妈妈说了之后，当头被泼了一盆冷水。妈妈说，我辛辛苦苦让你读书，可不是让你再回来无所事事的！退路被封死了，我只好收起回去的心思。

　　没工作，没钱，为了活下去，我只好自己想办法。去饭店打零工，做培训老师。后来开始写作，幸运的是，写了就发表了，缓解了我心里积压许久的焦虑情绪，就像想到了一个出口，我不停地写，不停地发表，不停地有人约稿，焦虑的情绪开始一点点减少，每天我都像充满斗志的公鸡，满身亢奋，后来连焦虑是什么滋味都不知道了。

焦虑大多数是懒出来的。曾经在知乎看到一个关于焦虑的文章。说很多焦虑的人，都认为眼下的生活并不是自己想要的。不是自己想要的，还不想通过努力和行动去改变，所以一直活在焦虑和迷茫之中。年轻的时候都会迷茫，等你成熟了，年纪大了就会慢慢发现，那些迷茫和焦虑的东西都不重要，最重要的是因为迷茫和焦虑浪费了太多的时间。

人的焦虑大多数来自于大把的空闲时间，一旦忙起来，根本就没有时间去胡思乱想。经过了一番沉浮之后，我也发现事实真的如此，你有事情做了，根本没有时间想些乱七八糟的东西。

时间安排到秒，哪还有时间焦虑？

刚开始工作的时候，我问过一个工长大神，你焦虑过吗？大神告诉我，他焦虑过。因为他也是一个普通人，有着大家都有的情感，所以一样会焦虑。他当时在东北的一个林场里做工人。林场清闲，没有太多的事情，焦虑开始在他的心里蔓延。他不想一辈子待在这个林场里，过几十年如一日的日子，觉得在这里是虚度光阴。为了排解焦虑的情绪，他开始学着别人的样子在宿舍打扑克，可是越玩，那种虚度光阴、消耗青春的情绪越飞涨。他就疯狂地到院子中劈柴，手脚一忙起来，就不太想其他的事了，但是劈柴太累，也没有那样多的柴要劈，他开始四处找书来读。为了保持读书的清静，他在自己的床上拉了一个帘子，没事的时候就捧着书看。再后来他开始写作，开始出书，离开了林场。他说现在早就不知道焦虑的滋味了，不过他告诉自己的孩子，一定要让自己有事做，不然焦虑一定会占据你的大脑。

焦虑并不可怕，但是让自己长久地焦虑下去就可怕了。

几年前我就曾经亲眼见证了小娇用"把时间安排到秒"的方法让自己摆脱焦虑。

那时候 23 岁的朋友小娇接连遭遇了失业、失恋、房东催租数件事情的压力，睡不着觉，大把大把地掉头发，憔悴得让人心疼。为了让她尽快摆脱这种状况，我们这些朋友轮流陪她说话，散心，甚至陪她看心理医生，但是效果并不好，她的状况没改善不说，心事反而更多了，每天愁眉苦脸。好友微微说："要么，我们给她找一个事情做吧，或许能分散一下她的注意力。"

刚好其中一个朋友的亲戚家开了一家超市，需要收银员。朋友把她介绍了过去。超市的工作琐碎，上班就忙乎一整天，根本没有瞎想的时间。尤其是收银员，看着排成长龙的待结账队伍，动作缓慢了一秒钟都觉得是罪过。小娇第一天回来给我们讲述了她工作的"惨烈"，这两天正赶上春节，客人特别多。她刚和一个老收银员熟悉一下收银操作流程，就被老板安排到了一个收银口，然后就是连续不停地扫码、验钞、找钱，一上午没喝上一口水，原因是没时间。下午临近下班前，她又忙成了一颗螺丝钉，算好账，点好款之后，帮日用品区填货架，帮散装称重区分发包装袋，帮文具区查点物品，真是要多忙有多忙，要多累有多累。我们打趣她，那你还有时间想那些事儿吗？她呵呵一笑，我倒是想，哪有时间啊！

小娇就是在这样一个小超市里涅槃的。熟悉了超市的所有工作流程，也走出了接踵而来的那些痛苦之后，小娇选择了进修，学习喜欢的设计，如今不仅在一个规模不小的公司做了策划，还兼职了几个公司的图形设计工作，可谓是人生的小赢家了。

　　忙，永远是能让人暂时忘掉烦恼的有效方法。小娇是深谙这个道理的，我看过她制定的日程表，不仅大概地列了需要做什么事，甚至把事情花费多少时间都清清楚楚地标记上，她说这样不仅能够有效监督自己，提高工作效率，更能把焦虑的情绪从自己的头脑里赶出去。

　　而除了她，世界上那些大牛集团公司的总裁们，几乎都是擅于规划和利用时间的人。比如奥巴马，比如微软高管刘润，他们的时间表上几乎都精确到了几点几分。

　　世上的事情有万万千，焦虑的事情也有千千万，但是把时间都用在做事情上，焦虑就一定没有生存的土壤。

3. 每天五分钟，给自律来一个深呼吸

一大早闺蜜小露就打来电话："你知道吗？半年没见，悠悠气质竟然提升了不少，简直像变了一个人。"她大惊小怪地说完，又噼里啪啦地来一句，哪天一定约她出来讨要下变美的秘诀！

我在电话这边急急地回应，心里却对小露的话严重怀疑。悠悠是我们共同的朋友，我们共同走过了高中、大学，直到各自走进了不同的家庭，拥有了不同的生活才结束了每天厮守在一起的时光。我对悠悠太了解了，要说以前她还算得上一个有些气质的人，自从前年她生了双胞胎开始，气质这个词就和她绝缘了。我们见到她的样子已经不是美女辣妈而是"大妈"，不修边幅，气质全无。如此一个龙凤胎的宝妈在短短的半年时间内气质颜值双提升，我有点不太相信。

然而不久之后我就发现自己想错了，一个两个孩子的宝妈，一样可以在短时间里让自己变美。

事情从和悠悠见面说起。巧的是，过了不长时间有人举办了一次同学会，悠悠也参加了，悠悠的出场让我们集体大跌眼镜，皮肤

白皙，长发披肩，走路带风，说话爽利，这哪里是两个孩子的妈妈，简直是女神莅临。"大妈"突然变美眉，我们忙缠着悠悠说出她"变好"的妙方。

看出我们的迫切，悠悠笑了笑说方法非常简单，自己真的没做什么，就是每天利用五分钟的时间练了一会儿瑜伽而已。说完掏出手机给我们发过来一个链接，告诉我们她就是按照里面的视频学着做的，视频要求每天只要拿出五分钟时间跟着练习，就一定有收获。开始的时候效果并不大，但是她觉得就当是临时放松了，也就坚持着做下来，没想到时间久了还真出效果了，她平时休息不好，加上孩子闹，经常头晕，有一天她突然发现自己昏昏沉沉的毛病减轻了，知道是瑜伽起了作用，就坚持练，没想到收获这样大，让大家对自己"刮目相看"。

早就听说瑜伽塑形、健身，没听说有提升气质的效果，但是大多数人都是有专业教练指导，在健身馆里完成的，我们这帮人，要么没有钱，要么没有时间，对瑜伽都是敬而远之的。居然还有在家里做的瑜伽，真的还头一次听说。顾不得再听她解释，我们迫不及待打开了链接，是一个教大家瑜伽的入门教程。都是基本的姿势，比较简单，模仿起来并没有难度。悠悠解释说这个视频每节的时间都很短，也就五分钟的样子，要是时间长自己还真做不了，但是五分钟还是很轻松挤出来的，她建议我们回家做做试试，说不定也会发生惊人的效果。

这个建议实在是太好了。回到家里我马上开始投入了战斗，并且还在网上买了一个瑜伽垫以保证训练的质量。我的工作比较清闲，下班早，我把练习的时间安排在下班后做饭前的那段时间。我天生对音乐不敏感，肢体协调能力也差，五分钟的时间做不了太复杂的动作，于是就选了一个相对简单的，头两天还好，安排好事情进入状态。第三天就发生了状况，儿子发烧，丈夫不在家，我一个人带他到医院挂号拍片输液，忙完回到家里已经将近十点了，更要命的是我像经历了一场恶战，浑身酸疼。虽然知道还有一件很重要的事情没做，但是也忍不住躺在了床上。人虽然在床上，可心里却总是不舒服，一是想到悠悠那曼妙的身材，二是感觉自己又做了一次逃兵，痛定思痛我把练习的时间改在了早上。早上虽然说时间紧点儿，但是怎么也能挤出五分钟的时间来。

发现自己有改变大约是在两个月之后。那天一个朋友结婚，我做完练习洗好澡准备穿上礼服去赴宴，这套礼服是我的最爱，也是我的心病，我腰粗，穿上衣服腰部总是能显出一圈赘肉来。我做好了穿上不好看就脱下来的准备，可是衣服穿上之后前转后转也没看见那条游泳圈，我高兴地跳了起来。要知道这条游泳圈可是让我恨了好久，我还以为它会跟着我一辈子了，没想到甩掉它居然这样容易，只用了两个月的时间，而且每天仅仅用了五分钟。

看着镜子中的自己，想着两个月前见到脱胎换骨的悠悠，我突然想起一句广告词：五分钟也能成就美好。我和悠悠都被每天五分钟给改变了，说出来真是让人不敢相信。

五分钟能做成什么事？上小学时候老师带着算过一道数学题，平时一分钟可以算二十道口算题，五分钟能算一百道，除了算题，再也没考量过五分钟能做成什么事。五分钟的时间太短，短到就像一道闪电，倏地一下就无影无踪了。尤其是到了大事小事应接不暇的年纪，五分钟更像是白驹过隙，再懒散一点，就是打个盹儿，伸个懒腰，扯会儿闲篇的时间。在一天 24 小时面前，五分钟真的就像沧海一粟，可是谁能想到五分钟也可以创造这样的奇迹呢。

不过细一想也没有什么不可能的，成功在于坚持，这是一个不是秘密的秘密。

我姨妈家的表弟就是这个秘密的有效说明。像现在大多数孩子一样，我这个表弟长了一身的懒肉，平时除了上学就喜欢宅在家里，电子游戏是他的最爱，让姨妈焦虑不已。他今年读八年级，马上就要中考了，中考的科目里需要考体育，姨妈担心他的体型和那一身懒肉过不了体育这一关，每天都抽出时间来带着他运动。可是他实在太懒了，也太胖了，没跑几步就要喘上好一会儿，这时候任凭怎样催促他也不会迈开腿了。姨妈实在没有办法，让我给出出主意。想到小时候我打羽毛球他总跟着捣乱，我建议姨妈和他一起打羽毛球，打羽毛球也是一种消耗，只要让他动起来，其余的都好说了。姨妈听了欣然同意，放了暑假迫不及待地买了羽毛球拍。表弟小时候对羽毛球就充满了好奇，听说妈妈陪他打羽毛球，高兴坏了，每天都和姨妈打上一阵子，只是两个人的技术水平实在让人不敢恭维，很多时候都是自打自发。可是没过几天两个人的球技就有了明显的进步，有一次我过去看，两个人不仅能接住对方的球，运气好的时候还能连上几个。到了暑假结束的时候，两个人的球技已经很好了，表弟对户外运动也不像先前那样排斥了。

时间就是检验效果的利器。任何小事坚持下来都会有不俗的战绩。前些日子我收到姨妈的好消息，表弟在学校居然被选为体育委员，夏天的时候还要代表学校参加市里举行的羽毛球比赛。姨妈说真想不到每天用那样短的时间来练就有了这样的效果，一副早知如此悔不当初的感觉。

现在生活压力大，人们的时间都被挤压着，很难找到整块的时间来做一些事情，可这并不代表我们就没有时间来充电，提升自己。著名的女作家门罗就是用做家务后的零散时间写作，最终获得了诺贝尔文学奖的，当前许多业余写手也都是在全职妈妈、职业写手、育儿达人之间自由切换的，有的甚至更厉害，在别人焦虑怎么样处理孩子工作家庭之间的关系时顺利地出了书，成了客座教授，健身教练。

每个人的成功都是有原因的，但是每一个原因背后都有一个把握时间的诀窍，不仅仅是五分钟，就是三分钟，只要持之以恒，终有一天也会遇到你所期望的美好。

世上所有的事情都是量变到质变的过程，五分钟时间不多，也不能对你的其他计划带来什么大的影响，我们再忙碌、再心焦也不缺少这五分钟的时间，而这不起眼的五分钟带来的效果可是不一样的，即使每天早晨练习五分钟英语，一年半载之后你的英语水平也会突飞猛进。

人为什么会焦虑呢？更多的时候是不知道去做什么、怎么开始，心里的不甘和不知所措的茫然叠加在一起才会感到焦虑，而选定好一件事情，每天再拿出五分钟的时间来做这件事情，就像给焦虑做了一个深呼吸，不久之后取得的小成绩和小进步会一点点排挤掉心中那些焦虑的"空气"，取而代之的是每天焕发的新光彩带来的蓬勃向上的正能量。

4. 不焦虑从好好吃饭开始

上午十点，朋友小小睡眼惺忪地坐到了我的面前："现在我总觉得特别的焦虑，大家都说只要自律就能远离焦虑，你有时间帮我制订一套自律方案吧，我也不想这样浑浑噩噩下去了。"

小小的话让我大吃一惊。一年前我们在圈子里谈论自我管理和提升的话题，小小一脸不为所动的表情，"生活就是用来享受的，你们这样给自己加码施压，不是有受虐的倾向吗？人生就是该玩玩、该闹闹，车到山前必有路，船到桥头自然直，放着好好的生活不过谈什么自律，简直是找虐。"

这些话像一盆冷水，浇得我们极不舒服。但是本着道不同不相与谋的立场，我们没有太跟小小计较，只是在心理上和小小的关系淡了很多，她喜欢享乐，我们喜欢超越，不是一个战壕里的战友，终究没有太多的交集。

没有了联系，小小便淡出了我们的生活。谁也没想到，当年那样排斥提升和自律的她竟然会回来把我当成"救兵"。真是让我惊叹、好奇。坐在小小对面的我在想，是什么让她突然反转的呢？

还没等我想出头绪，小小便竹筒倒豆子般说起了她这一年多的过往。

　　这一年多，她过得和以前还是大同小异，不同的是，相了几次亲，交往了几个男朋友。可小小享乐的生活理念，懒散的生活作风很快就把男朋友吓跑了。

　　其实吓跑了也没什么，她也落个清净自在，关键是她的老妈，实在看不惯她 30 岁还没有男朋友，每天耳提面命地让她把男朋友带回家，而且还下了最后通牒，如果半年的时间里再不领回男朋友，就把拆迁分给她的那一套房子让给她哥哥。

　　小小随性，不喜欢金钱，但是也知道房子是当今的一件大事，于是竭力给自己找男朋友。谁都知道，合适的男朋友不是路边的小草，想碰就能碰到，大半年的时光还是一无所获，也不是没有交往过，和以前一样，男朋友都不能忍受她周末睡到日上三竿的习惯落荒而逃。而她的身体在她连年不规律的作息里被折磨得不成样子，先是因为胃疼，住了半个月院；又因为神经衰弱，每天吃药；精神上还颓靡得不像样子，每天都哈欠连天，一副睡不醒的表情。别说是男朋友，就是我，都不太喜欢和她坐在一起。

　　她跑来就是想让我给她想一个办法，让她可以重新振作起来。好多年养成的懒散的生活习惯，已经让她从心理上开始颓废起来，现在想重新振作起来，却已经找不到方向了。听着小小惨兮兮地讲述，我为她狠狠心疼了一把，不过还是很不厚道地问了一句："你是不是刚起来，而且没吃过早饭？"

　　不是我太毒舌，是我太了解这个小小了。小小是典型的夜猫子，晚上熬夜，早上睡懒觉，睡到日上中天是常有的事儿。还不太喜欢吃早餐。平时上班还好些，周末就是她的解放日，可以一觉睡到中午，随着起床时间的推迟，吃早餐的时间也相应地推迟，早餐不吃不说，有时候连午餐都省了。今天是周末，在她的作息字典里应该是刚起来不久。

果然，听了我的问话她点了点头："当然没有了，今天是周末，起来那么早也没有事情做啊，所以就多睡了一会儿。"说完摆弄着手边的手机，摆弄得我在心里直摇头，这样的作息说辞，想要用自律来脱胎换骨，好像有些难度。我想了想，对她说："既然你想着改变，就先从每天早早起床，好好吃饭开始吧！"

我绝不是敷衍她，蒋勋曾说过，一个人再忙都要好好吃饭。汪曾祺也曾经说过，要想成就大事，先成就小事，好好吃饭，好好睡觉，照顾好自己是最应该做好的三件事。一个人连自己都照顾不好，还能奢望他做什么呢？

2017年孙俪凭着《那年花开月正圆》又火了一把，我却对她的几条微博更感兴趣。

"今日大寒，每日以温水泡脚，驱寒，冬安。"

"今日芒种，每日以温水认真泡脚，微微出汗，祛湿安眠，有益身心健康，夏安。"

通过微博我们不难看出，无论冬天或者夏天，娘娘都在认真地做一件事，照顾好自己。有的人一提到自律，首先想到的是制订计划，学习某项技能，或是挑战自我，有规律的跑步健身等，独独忘了每餐好好吃饭。一个人只有照顾好自己，才能有无限的可能。每天早早起床，给自己做一顿丰盛的早餐，每一餐好好吃饭，也是一种自律。

自律一词最早出现在《左传·哀公十六年》中，唐朝张九龄在《贬韩朝宗洪州刺史制》也写道："不能自律，何以正人？"说的是要是不能管理自己，怎么能去要求别人。百度词条上对自律的解释是：自律，指在无人场合通过自己要求，自觉地去约束自己的行为。好好吃饭，恰恰符合这一范畴。

现在社会人的工作压力巨大，熬夜加班成了家常便饭，废寝忘食也成了不少人的工作常态，能好好吃顿饭有时候都成了一种奢侈，监督自己好好吃顿饭有时候真成了一件难事。可是再忙是不是也要照顾好自己呢？

2017年，一篇名为《好好吃饭对一个家庭来说有多重要》的文章狂刷朋友圈，文章罗列了好好吃饭的诸多好处：陪伴家人、陪伴父母、体味幸福，还提到了最重要的一个好处，宠爱自己。每天能为自己煲一碗汤，煮一缕面，烧一道菜，不仅是对自己的一个奖赏，也是对自己的一个约束，约束自己好好爱自己。

说到吃饭，我不得不提到我的好友婉言。婉言是我的一个合租室友。她有一个特别宠爱自己的爱好，为自己烧饭。她说吃着自己烧的饭菜觉得全世界都在宠爱自己，之后什么艰难险阻就都能克服了。

开始的时候，我们的合租房离单位很近，每天婉言有充足的时间给自己准备餐饭，后来房屋到期，我们搬到很远的地方，上下班要来回倒两次公交，早上的时间便不太宽裕，可是为了不让自己的胃受委屈，她把给自己好好做餐饭的时间挪到了晚上。每天下班的时候顺便到超市买点菜，回到家里打开音乐就钻进厨房。有一段时间她工作上遇到了一些麻烦，让她每天都焦躁不已。但是晚上回到家她还是钻进厨房里给自己准备一桌可口的饭菜，并且告诉自己身体是革命的本钱，工作已经不顺畅了，更不能让自己身体再垮下来。都说懂坚持的人能发光，不久她就从焦虑和一蹶不振的状态中走了出来，恢复了以前神采奕奕的样子，思路更清晰，做事情更专注。机会从来都是等着积极向上的人，没多久，踏实，阳光，干练和坚强上进的她被领导安排到香港实习。

照顾自己好好吃饭，尤其是对于跌入人生低谷的人来说，有时候更像是一个挑战，要是能监督自己好好吃顿饭，好好爱自己，那么很快就会从焦虑中走出来。因为一粥一饭有极大的安抚作用，能抚慰疲惫的心。

调到香港的婉言比以前更忙了，不过她还是保持着给自己烧饭和好好吃饭的习惯，只要时间允许，她都会准时坐在饭桌前，她说自己一定要准时吃饭，才有力气照顾自己。身体是本钱，照顾好自己才能创造价值。事实证明她说的是正确的，她的薪酬已经翻了好几番，而身体却没有被工作量的加大而拖垮。好好吃饭，真是对自己的最大负责。

我们总说自律，自律没有我们想象得高大上，不一定狂跑上万米，狂背多少英语单词，自律就是在无人监督的时候自觉地做事，每天按时好好做饭、好好吃饭，也能督促自己自律，从而心情愉悦地甩掉焦虑。

5. 早起，让焦虑一点点远离

你的早上时间是什么样子？是不是像打了一场架一样，所有的事情都用急匆匆来形容才恰当。急匆匆洗漱，急匆匆准备早餐，急匆匆收拾房间，之后急匆匆吃饭，赶车去上班，更有时间赶不及的，会匆匆洗把脸就抓着包出门，根本没有时间考虑吃早餐。

我几年前的早上就是这个样子的。那几年我还没有成家，更没有小宝宝，没有多余的负担，每天睡得晚，起得更晚，早晨临近上班的时间才从床上爬起来洗漱洗脸出发，时间几乎是精确到分计划和使用的，要是公交车晚来几分钟，单位的电梯多停几分钟，我的上班时间就会成为赤字，脚步加快好几倍才能保证在打卡签到前到达公司的前台。也算运气好吧，虽然每天急急火火，但是公交给力，电梯给力，每个月迟到次数一直保持在两次以下，没有损失多少奖金。之后我就顺顺利利地沿袭着这样的作息习惯和节奏，上班、恋爱、结婚，时间虽然赶了些，但是也没觉得有太大的问题。

事情的转变得益于小宝宝的光临。

我们是新手爸妈，完全没有带娃经验，还懒，不睡到上班不起床，本来时间就赶，再应对小宝宝，时间变得更加捉襟见肘。老公的妈妈在外地，我妈妈又离不开家，不能过来帮忙带孩子，每天早晨我们还要把孩子送到妈妈家，时间就紧得不能再紧。有好几次看着墙上要迟到的钟点我都有一种崩溃的冲动。

有一次我实在受不了了，把孩子送到妈妈处的时候，坐在妈妈家的客厅里大哭起来。妈妈以为我受了什么委屈，吓得不得了，一面给老公打电话询问事情原委，一面安慰我。听到我因为早上忙得焦头烂额而哭泣时几乎笑岔了气，她笑着说："我当是什么事呢，还不是你们太懒了，早上早起来一个小时，什么不都解决了？"

妈妈的话点醒了我，虽然是满腹的不服气，但是我也知道，如果早起来一会儿，时间不会紧张到掐着秒过。回家之后，我和老公商量把早晨起床的时间提前大约一小时。

老公听了，马上把头摇成了拨浪鼓："不行，我们睡得晚，早上再起得早，睡眠不足一定会影响我们工作效率的！"他的话听起来好有道理，但是想到每天早上的慌乱和忙碌，我还是把闹钟定早了一个钟头。第一天效果就出来了，有了这一小时，我可以轻松地照顾宝宝洗完脸，吃完饭，还可以稳稳当当地坐下来自己吃过饭再上班。更重要的是，虽然早起，我丝毫没有因为睡得少而精神不足，相反一整天都神采奕奕，状态好得不得了。当时也为这种状况感到好奇，闲看《黄帝内经》才明白其中的奥妙，各个时辰和天地四季是对应的，每天早上五点，对应的是万象更新的春，春花吐蕊，万物更新，所以在这个时间段起床不会因为早起而精神疲惫，相反会让大脑更清晰，思维更活跃。原来我们歪打正着竟然养生了一把。于是我们兴冲冲地把起床的时间改在了早晨五点，整整比原来的起床时间提早了两个小时。

开始的时候，我利用这两小时的时间收拾房间，洗洗涮涮做早餐，后来还可以看书。我喜欢安静，却工作在嘈杂的地方，白日里零零碎碎的琐事很难让我集中精力学习和思考。这两小时，老公孩子酣睡，家里安静至极，相对于白天的喧嚣，世界安然得简直就是世外桃源。我以一周一本书的速度看了好多书。

从小我就有一个当老师的理想。可是造化弄人，我并没有走进师范类学校的校门，虽然也做着教书育人的工作，但是并没有教师资格证。没有那一纸文凭，总觉得自己是一个假老师。看过若干书之后，我突然想考一个教师资格证。于是在网上报了名，买了学习资料。隔年二月，我如愿拿到了证书。

腹有诗书气自华吧，那两三年的时间里，我吞进肚子里许多书，整个人变得豁达起来。以前喜欢和老公斤斤计较，为了鸡毛蒜皮的事能吵翻天，经过这一阵子的"闭门修炼"，不再和他斗嘴吵架，没事找茬。那段时间想起来好有趣，老公缠着我问，为什么变得"懂事了"？我告诉他，时间可贵，相处不易，我们要且行且珍惜。另外还告诉他，都是早起体会到的，都是早起创造的奇迹。

老公当然不信。

2016年，一个多年合作的老师问我，有没有出书的打算，他正在策划一套图书。我想都没想就答应了。作为写作者，我太想有一本自己的书了。知道我接书稿，老公一脸黑线，我理解他的意思，又上班又照顾孩子，我的时间已经被挤得满满，哪有精力写那样多的字。我告诉他没问题。早晨早起的那两个小时足以让我完成这个任务。之后我每天早晨起来就坐在电脑前写作，两个月后就完成了十万字的书稿。完成那本书之后老公终于承认，早起真的可以创造奇迹，如果没有每天早上的两个小时，再给我两年的时间恐怕也写不完书稿。感谢早起，让我成了另一个自己。

我自然不是第一个发现早起秘密的人。我的好友瑶瑶要在 N 年前就是早起的有力践行者了。

那时候我们刚走出校园，都没结婚，更没有男朋友，我，瑶瑶，还有另外两个小姑娘挤在一个合租的小房间里。每天六点，瑶瑶的闹钟会准时地响起来。当时真是年纪小，气得不得了，我们三个几乎是吵着嚷着让瑶瑶把闹钟静音的。没有了闹钟，也不知道瑶瑶用了什么办法，每天还是早早起来。

我们对她能早早醒来和醒来干什么非常好奇，爱玩爱闹的年纪，让我们早早起来，真不知道干什么好。当时宿舍外面有一个小平台，早早起来的她在上面朗读散文、诗歌。我们知道了都笑她是读书读坏了的书呆子，哪有毕了业还练朗诵的。可是让我们大跌眼镜的是，半年之后她竟然跑去考了一张普通话等级证书，一年之后市里有一个电台招聘，她顺顺利利地成了一名电台主播。直到她从我们的宿舍搬走，到电台报道，我们才缓过神来，开始对她羡慕嫉妒恨，也开始佩服她能一年如一日的早起习惯。早起一天容易，早起一年，若干年不容易。

这几年，早起已经成为一个热门的话题。关于早起的诸多好处在搜狗和知乎里早就有了明确的答案。

可呼吸新鲜的空气，有足够的氧气，心肺、脑功能都能充分活跃，对身体有好处；早晨头脑清醒，可做一些体育锻炼，看看书；充分利用清晨的时光，可充实自己；好好吃顿早饭，可以使自己的精力充沛，对胃也有好处；可充分利用早晨时间计划一天的工作，保持井然有序的生活方式；适宜的锻炼就能起到促进食物消化、增加肺活量，促进神经细胞充分休息等多种作用。

清晨是安静祥和的，是一天中最美好的时间，如果早起，就可以尽情享受这属于自己的平静时光。早晨是一天中最有效率的时间，可以在一天清晨开始时做最困难的工作，提前完成各项任务，晚上可空出时间做自己喜欢的事情。

早点起床出发上班，可避免堵车，会更快地到达公司，给你节省下来更多的时间。早起的人精神压力小，拥有快乐的心情，而且，随着年龄增加，早起的这种优势也就更加明显……

所有的事实证明，能坚持每天早起的人，必定比其他人更优雅和从容，更有能力迎接每天的机遇和挑战。

一天之计在于晨，国学大师南怀瑾说过，能控制早晨的人，方能控制人生。

好的生活始于良好的习惯。在人人讲自律，人人讲提升的今天，早起是一种最高级的自律，只有掌控早晨，才有可能过高配的人生。如果你正处在焦虑的旋涡，就从早起试试。

6. 仪式感会让你更焦虑

　　朋友徐徐是我们当地一个小有名气的画家和书法家，经常有人登门求画，白天时间不够用，只好在夜间工作，熬夜是家常便饭。熬夜带来了丰厚的金钱，却带来了隐患，她被检查出有严重的神经衰弱，身体不大好，一个月就感冒了三次，而且周身疼痛，好像一下子苍老了十岁。她在电话里和我联系，问我有没有兴趣陪她跑跑步、健健身。她说如果再不运动，这样下去，她害怕自己早早就倒下了。

　　我也一直有跑步的计划，苦于没人作伴，没能实行，这次找上门来一个陪跑战友，哪有不同意之理，我告诉她择日不如撞日，明天就开始好了。第二天一早我兴冲冲地跑到她家里去找她。当知道我的来意后，徐徐并没有我想的兴奋，而是拉着我坐下掏出手机，让我帮她选一双跑步鞋。"你没有其他的鞋吗？"我一边浏览她递给我的手机淘宝页面，一边问她。在我的意识里，跑步只要是软底鞋就好，真的没有什么讲究，我就是穿着一双软底鞋过来的。谁知道我刚说完，徐徐马上一脸惊讶："这怎么行，干什么就要像什么样子，没有跑步鞋怎么跑步呢？亲爱的，你就再等我几天，等这些装备都到了，我们马上开始跑步，怎么样？"

我不想扫徐徐的兴，只好无奈地点点头。三天后，我给徐徐打电话，问她跑步鞋到了吗，什么时候可以开始我们的跑步计划。谁知道徐徐的声音里透着疲惫和烦躁："都说网上的跑步鞋是假货，我把那个选中的退了，要么今天你陪我到实体店看看吧！"放下电话，我心头涌上一个词"仪式感"。

知乎里对仪式感有这样一个评价：仪式感是对生活的重视，注重仪式感的人，可以把一件单调普通的事情变得不一样，比如吃早餐，可以叫外卖在上班路上吃，还可以早点起床熬上一点粥，做上两道小菜，再铺上蓝条桌布慢慢享用。仪式感是一种态度，能把每一个环节都策划得周密细致毫无纰漏。

徐徐对一双鞋子的在乎程度太符合这个词了。而且我知道，徐徐在生活中还真是一个注重仪式感的人。周末她必定和男朋友外出散步，外出的时候必定十指相扣；各个时令、各个节气，必定吃传统的食物；每年的生日必须给自己的妈妈发一张感恩卡；外出游玩的时候必定带上硕大的宽檐帽……记得有一次她给她们家的小公主庆祝生日，几乎把小区的小朋友都请到家里来了。她说，要做就要做最好，一定要给小公主一个最满意的童年。

仪式感确实好，让徐徐的生活更活色生香。可我隐隐觉得，徐徐的这次跑步计划，要败在她的"仪式感"上。

果不其然，穿着新买的跑步鞋跑了几天，徐徐又提出了新的需求，她还需要买一件运动衫。她说一定要买一件品牌的运动衫，吸汗、透气，穿着才舒服。她男朋友到外地出差，她已经托她男朋友帮忙买了。只好请我将就几日，等男朋友回来我们再重新开始计划。徐徐的男朋友是半个月之后回来的。他回来的时候徐徐正好接了一个绘画的活儿，每天不是在构思就是在作画。就是不画画，她也慵懒地躺在沙发上，不再提跑步的事。徐徐给我打电话，抱歉地跟我说，现在实在没心思跑步了，以后再说吧。我呵呵一笑，"仪式感"打败了"自制力"，我真的要重新审视一下"仪式感"了。

可以说仪式感和自律都是为了让自己遇见美好。可是为了所谓的"仪式感"，破坏了自己制订的计划，事情就变得不那样美妙。

我一个写作的朋友多年前也给我讲了一个他自己的关于仪式感的故事。那时候他已经是一个小有名气的作者了，有一天他根据一个新闻事件构思了一个短篇小说。他有一个写作习惯，在心中构思了完整的框架之后才动笔写作，为了保证自己日后写的时候顺利，构思需要花费好几天的时间。有一天他正在电脑上写自己构思的零碎片段，一个同事过来看他，看见他的电脑有些破旧，对他说自己的朋友开了一家电脑公司，可以帮忙为他配置一台高配置的电脑。同事还打趣他，一个有名气的作家还在用这样旧的电脑，真是太丢人。他一想也是，自己的电脑用了好多年，确实应该换换了，便和朋友到朋友的朋友的电脑公司看电脑。电脑倒是很快就选好了，但是这年月最贵的无非是人情，托了朋友办事，自然要请客吃饭还了这份情。当时正好是春节期间，朋友邀朋友，再介绍新朋友，年轻人爱交往，一个饭局接着一个饭局。等上场下场的聚会都参加完了，已经是一周之后了，他肚子里酝酿许久的那个故事构思，早已经忘得一干二净，任凭他怎么冥思苦想也回忆不出来。这件事让朋友耿耿于怀了好久。他说这"仪式感"有时候真害人，自己当时怎么就没想到，换一个电脑能换丢一个构思许久的小说。早知如此，自己用着旧电脑好了，作家写出的是文章，和用什么电脑有什么关系！

可是他说这些没有一点作用了，那个丢了的小说再也找不回来了。

人的大脑兴奋起来是有一定的周期的，时间也有极强的稀释作用，作出的决定，不马上去实施，而停留在与决定无关的表面形式上，就会分散原本制订计划的热情，就像投资一样过了红利期，再想捡起来就不那样容易了。你跑得快不快不是因为你有一双跑鞋，你写得好不好也不是因为一台电脑，有时万事俱备，只欠东风的心态会造成永久无法弥补的遗憾。

我的堂妹浅浅是一个最不讲究仪式感的姑娘。浅浅喜欢读书，她家附近的小街上常年有一个旧书摊，她是那里的常客，经常到那里买旧杂志，一元一本，一买就买一大摞。我劝她，虽然知识是没有保质期的，但是这些杂志已经是旧的了，不如买点新的来读，不贵却能读到最新的资讯。她摇摇头浅笑，书又没有保质期，我看的是文章的风格，也不是时事新闻，过期了也不会影响阅读的。

有一阵子浅浅迷上了英语，翻出上学时候使用的旧课本，只要有时间就背单词，用儿子作业本的背面练习写单词。妹夫看不下去，让她买一套学习资料，再买些新本子用，现在的经济条件不差这点本子。她说不就是写字吗，能把单词记在心里就好，阻止妹夫给她买书和本子。但是她学习的劲头却足，只要有空闲就捧着课本读和写，大半年的时间竟然把课本上的单词都背下来了。

浅浅成了我们家族中学问最渊博的人，不仅有文章发表在大小刊物上，去年还考了一个英语六级证书回来，更令人惊讶和高兴的是，凭着这张文凭，她收到了当地一家英语培训机构的聘书。毋庸置疑，高中毕业的浅浅已经成功逆袭。

她的成功逆袭，没有仪式感的助阵。相反，用浅浅的话说，如果她过分地追求那种仪式感，或许现在她还是当年的那个她，就像蜈蚣不知道自己走路先迈哪条腿一样，早不知道自己该做什么了。

当你把精力放在另外的事情上，心思必定被分走一部分，哪还谈得上学习和提升自我？浅浅的逆袭来自于她的自律，她善于管理自己，才把自己送到了成功的路口。

仪式感很美好、很庄重，能让生活多很多情趣，不过事情都是有利有弊，有时候仪式感也会成为你焦虑的温床，比如你知道跑步的好处，但是没有一双昂贵且心仪的跑鞋；比如你知道掌握好英语是一种重要的技能，你也想学英语，但都说学英语最好是浸入式，你没有好的英语环境，没有好的英语老师和练习者，都会让你增加一种自卑感，焦虑情况不仅得不到缓解，还会加重。所以对于深受焦虑困扰的人来说，不能奢望仪式感给焦虑做温泉 spa，相反，要放下心中的仪式感，想到就做，马上行动。仪式感对于焦虑的人来说，更像莫泊桑小说《项链》中的主人公玛蒂尔德借来的那条项链，诚惶诚恐，忐忑不安，最后越来越焦虑。

现在关于自我提升和成长，提到最多的两个词是追求生活的仪式感和自律。其实这两者都是为了遵从内心，遇到更好的自己，两者并不矛盾，但是过于强调仪式感，影响了制订计划的执行，就有些得不偿失了。毕竟相对于仪式感，自律才是真正能改变你的法宝。

第 三 章

有些抑郁？ 那是你太闲

很多人都曾经被抑郁困扰过，那是一种绝望，情绪一直在谷底，怎么走也走不出去。然而多数的抑郁都在于没有人生目标，无事可做，没有价值感。电影《超市夜未眠》里有一句台词说得好，知道自己想要什么，等于成功了一半，多数人一辈子浑浑噩噩，就是因为不知道自己想要什么。想要人生静美，就要先让人生经风历雨，所有光鲜亮丽的背后都有辛苦付出。让自己忙起来，是走出抑郁情绪的最好法宝。

1. 你才三十岁，说什么人到中年

最近，我和我最小的妹妹闹掰了，原因是妹妹的临阵脱逃。

我们小时候都有一个读大学的梦，可是条件所限，命运弄人，都没走进正规的大学校门，最高学历的毕业证上还都印着不入流的大专的名字。

去年，我们突然想圆这个梦，于是一同打听了社会人士参加高考的事宜，又一同买来了复习资料，启动追梦计划，谁知道万事俱备了，妹妹却告诉我她要退出计划。

她的理由分外奇葩：我们都三十多岁了，考一个证书有什么意义，现在大学毕业生都找不到工作，你考下来能怎么样？说完奇葩理由还劝我："姐，我们都已经是中年人了，都这个岁数了还闹个什么劲啊，不如平平淡淡得了。"

我听了气不打一处来，和她吵了几句之后就闹掰了。其实和她闹掰的理由不仅仅是因为她的临阵脱逃，留下我一个人孤军奋战，还因为她那一句"三十多岁"和"人到中年"。

的确，在年龄段规划上，30 岁真的不再是青葱豆蔻，可以算是中年的先遣队了，但是把它计划在中年的时间档上我真的有些接受不了，也不能认同。更接受不了人到中年就不用再奋斗和进取的神逻辑。十几岁上学，满脑子都是试卷和分数，社会上的事情一无所知，二十多岁才从学校的象牙塔中走出来，开始工作和了解社会，但是对社会的触及和思想见识都是幼儿园级别的水平，完全是懵懵懂懂的傻白甜。30 岁呢？在社会中浮浮沉沉若干年，学识、思想和阅历都有了显著的提高，这个年龄段有思想、有深度、更有魄力，才真正算得上人生的开始，怎么就可以被无情地划在了中年的时间段上，还贴上了一张"人老珠黄"的标签？

另外，30 岁就该止步不前？那马云 31 岁从美国回来筹建"中国黄页"又怎么解释？之后创建阿里巴巴，做淘宝网接近 40+ 的年龄了，要是按照妹妹的逻辑，30 岁还没有找到工作的马云就应该在大街上发传单或者在餐馆里端盘子了。

30 岁就人到中年了，那以后的人生该怎么活？

不过仔细想想，或者真的不该太怪妹妹。万事有果必有因，我们周围充斥着太多的类似妹妹说的话和逻辑。

那几年因为一直没有教师资格证，我只好在一个私立幼儿园做幼儿教师。虽然幼儿教师听起来诗意和美好，但是做起来就不是了，每天听着孩子嬉笑怒骂，心被吵得没有一丝安宁，我干了两个学期就想辞职换一个工作。没想到我刚把换工作的意思表达出来，就遭到了家里人的一致反对，反对的理由让我哭笑不得：你都这个岁数了，找到一个工作不容易，还瞎折腾什么啊？

发现自己能写点文章之后，我开始了从未有过的勤奋，每天只要有时间就看书，构思文章，随身还拿着一个小本子，以便及时记下突然而至的奇思妙想，晚上更是我学习的黄金时间，看书、写文章、赶稿件忙得不亦乐乎。有得自然必有失，我收获了文章变铅字的喜悦的同时，也收到了去不掉的黑眼圈和零零散散的白头发。首先是老公发出了反对的声音：一篇文章几十几百的，一个月也没有多少钱，那样辛苦图什么，还不如好好看会电视！接着是闺蜜，细数着我鬓角的白头发说，容颜一去就不复返了，年纪轻轻都有了白头发，这个岁数了还不安分些，你就那样想成名吗？

一个又一个噼噼啪啪都在说着一件事情：你都那样大岁数了，还折腾什么？

大家的出发点可能是好的，可是不折腾就真的好吗？

2018年1月8日，唐山市政办官网发布了一条新闻：按照河北省住建厅，财政厅，物价局的要求，唐山市中心城区环线等所有收费站停止收费。

消息一出马上遭到万人的激烈反对，他们说我们把青春都耗在了这里，除了收费我们什么都不会做，让我们怎么活？

他们是收费站的员工。年龄都在30～40岁之间。曾经他们拿着收费站的薪水，优哉游哉过日子，但是一纸命令让他们惊慌失措，怎么也想不到自己安之若素，拿着国家的稳定薪水，也会有丢了饭碗的这一天。

天下没有不散的筵席，也没有永远的铁饭碗。

人就是要奋斗，不管是30岁还是40岁，路是往前走的。

我在饭店打工的时候，认识了一个阿姨。当时她年纪真的不大，也就30岁的样子，在我们饭店里面负责做酱猪手等熟食，手艺非常好，有不少客人特意远道而来吃她卤出来的猪手。可是，在饭店干了一年多，她竟然辞职了，我们都很为她惋惜，也暗地里说她瞎折腾。因为在我们的观念里，她的年纪也不算年轻了，虽然手艺好，但是店大招客，没有了饭店这棵大树，她到哪里重新开辟战场都需要一些铺垫。

她走了之后我们好久没见到她，只是听说她到了一个小饭店，没做熟食，而是从服务员做起，给人家端起了盘子。再听到她的消息已经又是一年之后，她再不是端盘子的服务员，也不是窝在厨房里做熟食的大妈，而是一家小店的老板娘了，问起她为什么在可以发展很好的时候离开，她说人总是要做一点自己的事，总不能打一辈子工吧。人要在能折腾动的时候折腾一下自己，不然你总有一天会后悔的。她的话让我好一阵思索。不久之后我也离开了饭店，因为我也不想端一辈子盘子，我也喜欢折腾自己。

折腾什么？我不知道别人的答案，我知道我的答案：真的不是为了赚多少钱，成多大的名，只是不想让自己的人生白活！

30岁就人到中年了，人到中年就什么事情也不用做了，站在墙根底下晒太阳了？尽人事知天命了？这个想法，十年前我不认同，十年后我也不会认同。

人生在于折腾。你在年轻的时候舍不得折腾自己，总有一天生活会变本加厉折腾你。

新年里有一则闹得纷纷扬扬的招聘新闻：阿里巴巴总裁马云宣布阿里将用40万年薪的高薪酬招聘60岁以上的老人做淘宝调研员。

60岁，40万年薪？

这一串数字闪疼了大家的眼睛。60岁都算是老年了，能干什么，还值得用40万年薪聘用？跟这则新闻一样吸引眼球的是应聘状况的"惨烈"，有近 3000 位老人投递了简历，其中不少都是北大清华的毕业生。最后在层层筛选下，有 10 名"幸运的大爷大妈"脱颖而出。让人忍不住唏嘘的是这十个"中彩者"的能力资质：83 岁的李路阿姨，毕业于清华大学，思维敏捷，是十几个群的 KOL（意见领袖），经常组织线下活动；62 岁的黄大伯"IT 宅男"附体，带着 PPT 来介绍自己，"淘宝 12 年买家经验""芝麻信用分 785 分""熟练操作 photoshop 设计软件"；66 岁的曾庆钊来自杭州余杭，一直从事基层工作的他，在镇政府退休后，也没闲着，经常组织退休老干部活动，还在老年大学报了两个班……

可以说马云和这些大爷大妈们，给年纪轻轻就喊老的人一记响亮的耳光：这么大年纪的大爷大妈们都不认同安享晚年，你年纪轻轻有什么理由放下脚步，停止不前？

网络上有句非常扎心的话，那些比你有能力的人都在努力，你有什么理由懈怠？现在，面对这条新闻我想说的是，那些比你年长的人都不放弃努力，你有什么脸面放弃！

跟随这个新闻的，还有前一阶段刷屏网络的另一个新闻：81 岁的薛奶奶拿到了天津大学本科录取通知书。薛奶奶年轻时候有一个大学梦，因为种种原因没有成行，后来结婚生子养家，把她这个梦想压在了生活的角落里，不过却没有熄灭。65 岁，薛奶奶从单位退休，开始备考追梦，经历了 13 年的漫长时光才拿到珍贵的录取通知书。除了以 81 岁的高龄考上大学惊动网络，薛奶奶还是一个十足的学霸，她精通五门语言，会制作表格。

事实总是胜于雄辩。不过人无完人，今年初，我也被"中年"这个词给吓破了胆。年初，好友安迪翻到了我朋友圈，看到我转载的一篇《我的妈妈是一个没用的中年妇女》的文章，声音悲戚地给我留言：亲爱的，我们都人到中年了，人到中年了啊？

以前我一直没审视自己年龄的问题，尤其是最近的几年，因为太忙，也是不常提及，我几乎忘了自己的年龄了，有好几次儿子递过来表格让我填表签字，都要想半天才能把我的年龄写出来。

安迪的话太扎心了，一下子击中了我的心房，在我的潜意识里，我就是那个青葱少女，怎么就人到中年了呢？我难过得嘴巴都合不上。安迪和我同龄，我们是同年同月不同日的伙伴，要是她人到中年，那我岂不也是到了中年的边缘？中年是一个多么可怕的字眼，我可不想让它笼罩我的生活。

在安迪悲伤情绪的影响下，我的心情也一落千丈。这种情绪直到春节去妈妈家过年也没缓解过来。看到妈妈，我一下子把所有的委屈担心全都释放了出来，扑到她的怀里说："妈，我怎么这么快就 30 岁了呢，都老了！"谁知道妈妈的脸色马上暗了下来："你 30 岁都嫌老了，那我这个年纪的人又该怎么办？"说得我脸一红，舅舅舅妈更是火上浇油，疾声厉色地打断我："我们都六十多的人了，还没觉得自己老了，你小小年纪怎么就老了呢？30 岁正当年，正是好时候啊！"

这一大段话更是把我说得面红耳赤。在这些年纪多出我们许多的人面前，我们还真的没有资格说老。摩西奶奶就曾说过，人生没有太晚的开始，30 岁能怎么样呢，照样可以鲜衣怒马。阻碍你梦想的永远不是年龄。

2. 没流过汗，凭什么追求平淡

我的嫡亲弟弟小伟第三次把微信签名改成了"佛系少年"的时候刚好被我看见，我第一时间给他发过去长达十秒的语音，厉声质问他，小小年纪就想选择安逸，你流过血、流过汗，尝过汗水的滋味吗？

不是我上纲上线，小题大做，有一句话说得好，不要在应当吃苦的年纪选择安逸。小小年纪应该历人生，尝百味，什么都没经历过，什么都没有行动过，就来一个云淡风轻，超然世外，追求平平淡淡才是真，不是洒脱，是屁！不是超然，是逃避！

平淡是什么，平淡是惊涛骇浪过后的云淡风轻，平淡是身经百战之后的隐姓埋名，怡然自得。

很多年前我听说过一个关于平淡的故事。

因为一场海浪，一个富翁和一个渔夫在渔村的码头上相遇了。相遇的时候，渔夫正优哉游哉地坐在码头上看海，晒太阳。当渔夫知道站在自己面前的是一个身价千万的富翁时，问富翁一个问题："你辛苦一生，苦苦打拼到底是为了什么呢？"富翁望着大海，想了想说：

"我之所以这样努力是因为我想到我老了的时候，可以安然地坐在椅子上，看海，钓鱼，喝酒，晒太阳，做我喜欢的事！"渔夫听了哈哈大笑，他说："虽然我没有经历你那些辛苦，没积攒你那样多的财富，但是你说的那种生活我随时都可以做到了，你看我现在不就是喝酒、看海，晒太阳吗？这么说我们之间也没有什么差别了。"谁知富翁听了也哈哈大笑起来，笑过之后他说："怎么没有差别，抛却那些财富不谈，我经历了商海沉浮，世间万象，你只在这一个小岛看潮起潮落，千篇一律，平平淡淡，我的生活要远比你精彩得多！"渔夫听了，什么话也说不出来了。

虽然人生的终点都是一个，但是乘车的和坐飞机的，开渡轮的和坐高铁的，所走的路线不同，领略的风景也不一样。

这个故事是我的一个老师讲给我的。老师讲故事的原因是那一年我也和弟弟一样，想选择安逸。

那年我刚从学校出来，因为只是大专文凭，根本找不到工作，碰壁无数次之后，我准备打点行囊回家乡。小地方不繁华，但是没有这样大的压力，生活或许能够轻松顺畅一些。

我一个人去的车站，这个城市我待了三年，还是有些留恋。所以到了车站我没马上找车，而是站在车站的入口处，贪婪地看着这个城市。望着望着我突然伤感起来，忍不住想哭。这时候我看到了我的一位科任老师。老师知道我的想法之后，问我回乡之后有什么打算。因为屡屡碰壁导致心灰意冷，这个问题我还真没来得及想。我告诉老师，我还没有想过这个问题，不过想不想也没有多大的关系了，因为世界上成功的人毕竟太少了，我还是回家乡平平淡淡生活好了。老师听了，便讲了这个故事。他说虽然回乡是一条出路，而大多数人的人生都会归于平淡，但是期间的经历却各不相同，人生重要的不是结果，是过程，过程精彩了，人生才有意义，不然一生没有波澜，那就不是平淡是真，而是虚度了。

听了老师的话，我把行李又重新拎了回来。不管未来会怎么样，但是我想尝尝汗水的滋味，平淡的人生是没有光的，我不想让我的人生无光。

那位老师非常热心，看见我回心转意，非常高兴，马上帮我联系了房子，但是他却没有能力马上为我找到一份心仪的工作。我只好茫然地投简历、面试、投简历。很快一个新的问题出现了，因为我已经是一个成年人了，家里的经济条件也不是很好，毕了业我就没找家里要过钱，但是处处都需要用钱，很快我就弹尽粮绝了，没有办法我只好到一家酒店做服务员。

酒店档次中等，员工也不少，却有欺生的毛病，每一个新来的员工都是老员工欺负的对象，难招呼的客人，难洗的餐具，催菜取酒等跑腿的小事，统统都让新来的人做。我去了，这些事情统统落到我的身上。其实干点活儿真不算什么，主要是她们的欺负和排外让我没有一点归属感。为了让我尽快上手，大堂经理安排了一个员工带着我，可是这个员工欺生的心思更重，有事没事都会找茬骂我一顿。出了什么纰漏，我更是替罪的羔羊，不仅挨骂，还会被扣工资。我初来乍到，不善言辞，又没有熟悉的人倾诉，只好一个人偷偷地掉眼泪。在那工作的第一个月，我掉够了一辈子的眼泪。

不过酒店唯一让我开心的是，经常有外宾过来用餐。店里的服务员大多数都是只读到初中的农村孩子，会英语的少之又少，别说点菜，和外宾打招呼都不自然，我学过英语，所以看到有外宾来用餐我都抢着过去点菜，一来二去，经理注意到这一点，让我专门负责接待外宾。这对我来说可是天大的殊荣，为了不负经理的期望，更为了自己的提升，我买来一本酒店英语书，还买了一个录音机，工作闲暇的时候开始自学。

酒店的工作时间长，学习的时间少之又少，没有办法，我只好利用晚上下班后的时间学。每天无论多晚多累，我都要跟着磁带背一阵英语单词，读上一阵英语，有时候遇到难记难写的单词和句子，甚至要说上十遍二十遍。我发誓上学的时候学英语都没有那样用功过，有好几次因为读英语睡得太晚，第二天上班的时候站在那里都要睡着了。功夫不负有心人吧，经过没日没夜的苦练，我不仅能比比画画地给外宾点菜，有时候还能跟他们做简单交流，使得好几位常来用餐的外宾过来的时候，直接找我，让那些老员工羡慕嫉妒恨。更让她们羡慕嫉妒恨的是，因为我能跟外国人交流，年终被评为优秀员工。当时我到餐厅工作才四个月的时间，后来经理告诉我，我是第一个工作四个月就被评为优秀员工的人。在公司的文化里，四个月还算是新员工，而优秀员工的奖项是设给老员工的。

一年后我还是跳槽了，因为我的梦想可不是在饭店做一辈子服务员，太平淡的人生无光。我想让我的人生异彩纷呈。不过那之后的事情也不是太顺利，工作、跳槽、面试、工作……唯一让我庆幸的是，我对自己的人生已经有了一定的掌控力，知道自己要什么，每一次的开始和离开都是一个新的起点和高度，我在不断地提升和进步。之所以这样折腾，无非就是听从老师的话，让自己的人生精彩些，再精彩些。

我一个女孩子都不甘平凡，勇往直前，弟弟一个堂堂七尺的男儿，总是把"佛系"挂在嘴上，让我怎么能不气愤！百年前梁启超先生曾经说过："少年强则国强"。斗志全无怎么能称得上男儿二字呢！

我给弟弟讲了我的故事，并告诉他，把佛系几个字从他的签名上抹掉，他这个年龄段需要的是昂扬的斗志，而不是佛系得把一切看淡。弟弟沉默了一会儿，反问我："姐，你是不是和佛系有仇啊，这样看不惯佛系？"

"是的。"我告诉他，我的确不太喜欢佛系这个词，不过要是我七八十岁的时候可以考虑用这个词来养生。

不知道什么时候开始，网络上刮起了一阵佛系风。无论什么只要挂上一个"佛系"的名号，就可以安之若素。网络上对此有专门的解释：现代青年的人生压力是众所周知的，找工作、买房子和脱单俨然变成了年轻人的"三座大山"，生活的欲望和无奈交织在一起，是选择苟且度日还是奋起追赶，其实大部分年轻人心中已经有了答案。但是在奋斗的日子里，总是不乏一些自嘲和调侃，以此来自我调节一下，"佛系青年"便应运而生，尽管"佛系"一词最早出现在日本，用来形容不愿浪费自己的时间谈恋爱的青年人，但是在我国却得到更大范围的"感同身受"："佛系恋爱""佛系考研"等佛系标签层出不穷。尽管"佛系"一说在社会中的影响不大，但是不可否认的是"佛系"心态在广大青年群体中的普遍存在。

这个解释，或许能让大家对"佛系"有一种更好的了解。

不过在我看来，佛系还有另一种解读：生活就是得过且过。

不是吗？对生命生活无欲无求，过一天算一天，没有追求，没有梦想，除了得过且过，我想不出另一个更恰当的词。

《人民日报》曾经这样评价佛系青年：云淡风轻，不爱着急非常好，但是必须遵守一条，总得有走心的地方。处处不坚持，事事随大流，那只能是淹没于人潮，迷失掉自我。

这个评判非常有道理，你做什么工作都随心随性，做好做坏都无所谓，有哪个领导会把工作交给你！

我告诉弟弟，追求平淡可以，等你历过风，经过雨，尝过汗水的滋味和奋斗的意义，再说不迟。

3. 忙是最高级的休闲

　　和多日不见的好友小米谈天，谈到了最近正在忙什么的话题。好友的神色开始灿烂："我在下班的时候做了两份兼职，每天忙得都快像一只陀螺了，那滋味别提有多爽了。"我听了狠狠地打了她一拳："忙成那样还爽？你是在这里拉仇恨呢吗？"好友哈哈大笑，一本正经地告诉我，她说的是真的，以前没做兼职的时候，下班回到家里不是玩手机就是逛淘宝，时间白白浪费了不说，还特别累。更要命的是她本来是一个对自己有点儿奢望的人，这样的荒废让她总有种深深的罪恶感，所以虽然看上去每天下班回家都是很轻松，很休闲，内心却非常疲惫。而做了兼职，忙是忙了点儿，那种罪恶感和疲惫感却消失了，她每天内心像打了鸡血一样，从来没有的愉悦和满足，那感觉真是爽爆了。

　　我急急地打断她："你白天上班，晚上做兼职，不累吗？"我这样问是有原因的，朋友是一所早教机构的幼儿老师，虽然人们总是喜欢把幼儿园老师和医院的护士并称为女孩子的黄金职业，但是我做过幼儿老师我知道，事情远没有大家想得那样美好，尤其是她工作的早教班，小朋友都是一到三周岁的孩子，万事懵懵懂懂，浑然不知，一会哭一会叫，头会被吵得很大。我工作的时候回家第一件事就是躺在床上休息一下，不然真的是太累了。她也曾经和我说过，一天下来累得都有第二天就辞职的冲动。那样累还有心情做兼职，真是自虐的节奏。

她一定猜到了我心里的想法，看了看我说："累啊，我又不是铁人，当然累了，不过累点有什么关系呢？我现在才知道，忙起来才是最高级的休闲！"

我一口血差点没吐到地面上，忙是休闲，还是最高级的休闲，这是什么奇怪的逻辑啊！

看出我的质疑，小米开始断断续续讲述她的故事。

她算是半个宅女，下班回来锁在自己的小房子里网购、看剧、刷微信，根本不出门。对于她来说，下班之后的时间，就是玩玩玩，看看看，吃吃吃，买买买，要不就是睡睡睡才是这段时间的正确打开方式。这天小米下班回到家刚想如法炮制，一大群朋友蜂拥而至，生拉硬拽地请她去参加一个朋友聚会。

让小米大跌眼镜的是，说是聚会，朋友们带她到的场所不是酒店饭店，而是一间闲置的民房。听了大家七嘴八舌的解释，她才弄清了情况，这几个朋友想开一家民宿，知道小米曾经是美术学院的高才生，现在又在幼教机构做一个童心无限的幼教老师，所以请小米过来参谋设计下。

小米的兴致一下子被调动起来了，给了许多实质性的意见不说，临走的时候又夸下海口，有时间做几个手工挂件给朋友当礼物。朋友自然高兴坏了，请小米吃了一顿奢侈的大餐，并问她有没有兴趣加入进来做合资人。

她自己一直有一个开民宿的梦，这样轻而易举地就能成为民宿的老板娘，当然是求之不得的好事，她想都没想就一口答应了下来。

接下来的事情就变得顺理成章，只要有时间小米就跑到民宿去。几个人都是苦哈哈的漂流游子，付了定金，买了些必要的家具，没有太多的闲钱，所以一切能自己动手的事情都自己动手解决。她下班后的时间就都交到了这里，打扫、装饰、修补，每天要忙到很晚才回家。可是奇怪的事情却发生了，她以前宅在家里的时候，下班之后心里总是有一种非常空虚的感觉，那种感觉就像蜘蛛网缠绕着，怎么甩也甩不掉，抑郁烦躁得不得了。但是自从每天下了班跑到民宿来，那种空虚的情绪没有了，取而代之的是轻松愉悦的充实感。

民宿结束了装修和前期的准备工作，马上进入了正轨，她高兴坏了，随之而来却有另一个问题，民宿已经没有太多的事情让她忙，到民宿来更多的时候只是坐坐，或者跟朋友们、房客们聊聊天，不说无聊吧，也没有太大的意思，那种空虚荒废的感觉又从心里钻了出来。她决定再给自己找点事情做。朋友们提醒她，可以挑选自己喜欢的事情来做，这样做起来不会觉得枯燥还会更有动力。她想了想，决定发挥自己的特长，做手工。作为幼儿园老师，又有着好几年的美术学习经历，这简直是轻而易举。她把自己做手工的视频发到了网上。本来只是抱着玩玩的心理，谁知道竟然收获了一大波妈妈粉丝，她们都是被幼儿园里老师布置的那些手工作业急得焦头烂额的家长，小米的手工视频课正好给她们解了燃眉之急。死忠粉们时时催更，没有办法，小米开始全情投入，于是偶然上传变成了定时上传，每周上传一次，变成了两天上传一次，听从粉丝的建议，她把头条号、企鹅号、一点号等几个大的自媒体平台都注册了一遍，实实在在做起了自媒体。

她是一个较真的人，做什么都力求做好。自己上传一些玩玩行，要想把东西做好，获得粉丝的认可，可不是一件小事情。小米下班后的所有时间就都用在了学习怎样运营自媒体上，视频录制、剪辑、拼接、配音，俨然成了一个多面手。然后就忙成了她自己说的那个样子，成了一个陀螺。

小米说："你想不到吧，我这样忙，竟然没觉得累，是不是很奇怪？要是一天没有事情做，我心里就像长了草一样，慌得要命！"我说："不是有一句话叫痛并快乐着吗，你是忙并快乐着！"

我这样说真的不是溜须拍马，小米呈现出的状态让我非常有理由这样说，看不到她一丝疲惫，相反被自信和快乐所笼罩，能够让自己身心愉悦的事情，怎么就不可以说成是休闲呢！人不逼自己一下永远不知道自己有多优秀。现在流行的斜杠青年、秋叶大叔、彭小六、六神磊磊等一大批青年身上都贴着若干的身份标签，哪一个标签的取得不是在业余时间完成的呢。工作之外就是休闲，值得称道的是，他们把休闲做到了极致。像小米一样，他们打破了传统意义上的休闲定义。

传统意义的休闲是什么样子的呢？是旅游、放松、泡吧、娱乐、玩手机、网络追剧。古语有云：玩物丧志。就像睡在温柔乡里一样，这样的休闲只会让你越来越懒散、越来越不思进取、越来越沉迷享受，后果就可想而知了。从一本励志故事书里看到这样一句话：为什么现在的人越来越懒，因为现在的人越来越会玩，生于忧患死于安乐，过度沉迷享乐，哪有心思再思考未来？

青年作家王耳朵先生说过，这个世界上最可怕的事情，不是其他，而是你随波逐流，逐渐走下坡路，不追求、不进取，还安慰自己平凡可贵。

　　有一段时间我看"特立独行的猫"的书。在书中看到了这样一段话：人一闲，就容易想东想西的，特别是长期宅在家里或者长期两点一线的人，一个人思考问题非常容易钻牛角尖，想着想着就会觉得一件小事越来越严重了，自己的整个世界都要炸裂了，整个人都要抑郁了。但是忙起来就不会。

　　习惯了很忙，自然就没有时间和精力为小事叽叽歪歪了，没工夫跟谁吵架，没有闲情逸致躺在床上回味今天谁对我不好了，谁踩了我一脚，我是不是说错了话，得罪了谁。

　　忙起来是一种状态，更是一种休闲。

　　"特立独行的猫"是一个非常励志和独特的作家，她坚持每天下班后写作十年，出了书，创建了自己的独立品牌，把"忙是最高级的休闲"诠释到了极致。

　　你选择什么样的生活状态，就决定你过什么样的人生。

4. 还在刷朋友圈，你只会越刷越烦

　　不知道从什么时候开始，微信和朋友圈已经成了我们另一个社交场所。刷朋友圈更是成了一个最主要的休闲方式，等车的时候，乘地铁的时候，上床睡觉的时候，甚至是上卫生间的那几分钟时间，也忍不住拿着手机翻一下朋友圈，好像不常看看朋友圈的动态，就怠慢了朋友。

　　有一次我们一些同学聚会，谈到空闲的时候都喜欢干什么的话题，大家几乎异口同声地说出了刷朋友圈几个字。

　　刷朋友圈真是太重要和太有趣了。通过这一个小小的窗口，你可以读鸡汤，看美文，领略不同的自然风光，甚至还可以猜测到久未谋面的他们过的生活。实在是妙不可言。

　　有一段时间我就深陷其中。每天雷打不动做的事情，除了吃饭、睡觉、工作这些生存生活必须做的事情之外，就是刷朋友圈。早晨睁开眼睛刷一遍，晚上睡觉之前再刷一遍。午休的时间，工作累了想偷会儿懒的时候，都会点开朋友圈看上一会儿，要是哪天没刷几次朋友圈，感觉像忘了什么大事一样，空落落的。

刷朋友圈时我还有一个怪癖，不翻到上次看到的那条心里就不舒服。我的微信好友大约有五百人，每个时段发布的最多上百条，少的也有数十条，一条条翻下来，最少需要半个小时的时间，要是发圈的朋友多，一个小时悄然而逝也是常有的事。

但是我却乐此不疲。在我看来，看朋友圈动态就是和久未谋面的朋友的一种交流与互动，要是没有一点互动，还怎么能好意思称为朋友呢？另外，朋友圈里面朋友来自各行各业，各省各市，每种行业有每种行业的特点，每个地方有每个地方的风情，每个人也有每个人的品位。逛朋友圈，不出门就能旅行，体味人生，简直是再划算不过的事情。朋友圈有一个屏蔽对方朋友圈的功能，为了看大家的朋友圈，我没舍得屏蔽一个人。

我的朋友圈朋友虽然来自各行各业，但是发布朋友圈的类型也可归纳为转载和原创两大类。转载的多是一些心灵鸡汤，养生段子，八卦热门。这些看的时候我都是一扫而过的，你说我说，全网络都是同样的内容，有什么创意和营养？即使是有，也味同嚼蜡了。

我最喜欢关注的是原创类的，那些美食、美妆、美景、美图，时时刻刻能吸引我的眼球。尤其是那些有些成就的大咖，他们的每一幅图片，每一句话语，都能激起我一种莫名的感动，心中自然也会发出一句感慨：看看人家的人生，怎么这样精彩！一个个简直就是励志小楷模呀。还有那些日常动态，能清楚地猜到对方过着怎样的生活，满足内心里原始的"偷窥欲望"。

要有人问我无聊了怎么办时，我会毫不犹豫地告诉她：玩手机，看朋友圈。

朋友米米有一段时间抑郁了，心情很不好，向我讨教扭转心情的方法，我想都没想就告诉她这个方法，并说刷圈时间过得快，沉浸其中烦恼自然就能忘了。

谁知我刚说完就遭到了米米一个大白眼："傻子，再怎么现场直播也是人家的生活，不会给我们带来任何益处，解决不了我们一点烦恼，相反会让你越来越烦！"

接着她说起了这样说的理由：朋友圈里除了全网乱转的养生鸡汤美文，就是各种晒，晒旅游、晒包、晒孩子、晒老公。虽然知道这些都是被粉饰过的，但是真的很难有定力让自己不乱了心神。从他人的生活里寻找治愈，是一种逃避。你就没有刷朋友圈越来越烦过？

她的问话让我心里一惊。我不是圣人，当然也烦过。想着大家都是同龄人，人家过的是神仙一般逍遥的生活，我却在水深火热中，不仅烦，更多的是有一种挫败感。真是应了那句话：朋友圈多精彩，就反衬你有多失败。

可是，我从来没往这方面想，而且也从来没想过停止看朋友圈。记得朋友圈里有一个写作的朋友，每次都往里面发自己发表的文章或者晒稿费截图。当时我刚开始写作和投稿，屡战屡败，看到她发的东西真的很挫败，不过即使被挫败得体无完肤，恨不得放下笔不写了，也没想过先不要看朋友圈了，更没想过自己的心灰意冷，烦躁不堪是朋友圈衍生出的负能量。

这段话像一盆冷水，彻底把我浇醒了。我以前是很随意的一个人，本着不攀比，好好做自己的理念，开心生活，可是自从爱上了朋友圈，看到大家生活得精彩纷呈，我开始乱了阵脚，不止一次羡慕朋友圈的 a 有足够的时间和金钱海外游；羡慕 b 有一个好儿子总是得高分，考第一；羡慕 c 有一个浪漫的老公，情人节送花，结婚日送戒指；羡慕 d 新书畅销百万，赚了那样多的钱。我开始挑剔老公不体贴，指责儿子不努力，慨叹自己不如人……

现在都在说断舍离，看来也真要和朋友圈说一声断舍离了。

其实细想想，刷朋友圈能给我们带来什么呢？各种吃吃晒晒玩玩和覆盖全网的心灵鸡汤，真的没有多少营养。当然那些行业的精英，大牛人的朋友圈可能不一样，但是就凭我们接触的人群层面，加他们为微友，看到他们朋友圈的概率和买彩票中大奖也差不了多少。

我的微友中，除了几个看得起我的作家、写作者、合作的老师，就是卖东西的微商、小贩、学生家长、多年不联系的同学和同事，今天晒张火车票，明天晒张儿子的靓照，也确实没什么让我学习和汲取的。

去年一篇《我为什么逃离微信朋友圈》和《我为什么逃离北上广》火遍了网络。其实仔细想，朋友圈是人们的虚拟北上广，那些晒车票的，晒照片的，无疑是在晒"优越感"和幸福。可是大家或许心里都知道，照片是 p 的，美食图片是盗来的，晒的只是个瞬间，哪一个不是在生活中步履蹒跚。据说有不少人已经尝试关闭朋友圈了。

不久前在知乎上看到一条长长的关于朋友圈的帖子，写的就是自己从刷朋友圈到关朋友圈的心路历程。这个作者以前也是一个逛圈达人，每天必做的事就是刷朋友圈和疯狂点赞。有一天她发现网上有人在谈论挑战三十天不用朋友圈的话题，便也想挑战一下自己能不能离开朋友圈。

挑战的规则很简单，就是不发朋友圈，不刷朋友圈。挑战的第一天，她心慌意乱，无所适从，完全乱了状态，可是第二天情况就有了好转，她做家务竟然两小时没摸手机。第三天就更进步了，连续坐了六小时，读完了买来就扔在书架上，连包装都没来得及拆开的书。而后她才发现，自己不是忙得没时间看书、充电、做家务，是逛朋友圈、玩手机占去了她大把的时间。

时间都去哪儿了？时间都被朋友圈吞噬了。所以她进行了一个疯狂的决定：永远关闭朋友圈。她说我们的时间很贵，真的没有太多的余额去浪费。塌下心来做点事，比给别人点赞，等着别人评论有意义得多。

读过那篇文章之后，又看了很多关于退出或者关闭朋友圈的文章，我才知道，那些真正厉害的人是不刷朋友圈的，或是很少发。拍脑袋想了想，我就猜到了原委，他们的时间都用在了思考、提升上，不会浪费在这样无谓的小事上。

鲁迅曾经说过，自己之所以成功，是把别人喝咖啡的时间都用在了写作上。而今的我们，如果把刷朋友圈的时间都用在学习、充电，甚至陪伴家人和孩子上，是不是也会有些作为。起码不用一面慨叹人家成功，一面焦虑和抑郁。

5. 不振作，谁也给不了你岁月安然

　　《疯狂动物城》是我比较爱看的一个电影，尤其爱看里面的那只小兔子朱迪。

　　在电影《疯狂动物城》中，小兔子朱迪因为受不了经常被食肉动物欺负，发誓要做一个警察。朱迪的爸爸妈妈知道了，都说她疯了，因为在动物的历史上，还没有哪只兔子做警察的。朱迪的妈妈对她说："小兔子等食草类动物生来就是被食肉类动物欺负和杀戮的，这没有什么不公平，也没有什么值得反抗的，我们能做的只有保护好自己，尽量不受伤害。"朱迪不同意，她说动物生来就应该是平等的，就应该和平相处，她做警察就要打击恶势力，并说这就是自己的理想。爸爸看妈妈没劝住孩子，说："你知道我们为什么可以这样清闲自在地过自己的生活吗？就是因为我们放弃了理想而选择了安定。"并劝告朱迪安安心心在家里种胡萝卜。朱迪自然没有听，她通过自己的努力，上了警察学校，并且以优异的成绩毕业，一个人去了动物城。

　　她以为到这里就能实现梦想了，可是到了才知道，所有的动物都不看好她，警察局长竟然仅仅让她做了一个交通警，分给她每天做的任务就是给违章的车贴罚单。这和她的理想大相径庭，她几乎沮丧地想回家了。这时动物城发生了哺乳动物失踪案，警察局警力不足，把警察局长急得团团转，朱迪趁机请求自己去接手这个案子，却被拒绝了。没有办法，朱迪只好利用贴罚单的时间去发现线索，最后功夫不负有心人，案件终于水落石出，朱迪用她的勇敢和智慧向所有人证明，兔子可以做一个警察，并且是一个出色的警察。

其间有一个小插曲，因为朱迪临时插手这个案件，让警察局长很恼火，给她48小时，如果不能破案就赶她出警察局。案件神秘离奇，48小时又转瞬即逝。朱迪被赶出了警察局，可是她并没有返回家乡，而是暗中调查，终于让案件真相大白。

这个电影我看了好几遍。这样喜欢看的原因是我在这个小兔子身上看到了一种精神：明明知道不可能还要挑战。看这个电影，我脑子里总回响着一句话：不振作，谁也给不了你岁月安然。

如果小兔子面对质疑和打击，颓丧下去，不仅不能完成自己成为警察的理想，还会在自己的家乡受到食肉动物的欺凌，根本就过不了安然的生活。就像许多平常人家的小孩，如果不发奋图强，奋斗努力，永远过不上自己想要的生活，生活永远都是逆水行舟，不进则退的。

看刘同的书《你的孤独，虽败犹荣》，看到了刘同刚参加工作时候的一段故事。大三的时候，刘同在一个电视台做实习记者。他很珍惜这份工作，干得特别卖力，别人不加班，他加；别人做一条新闻，他做三条。可是让他气馁的是，自己虽然这样努力了，但是做出的节目却不被认可，台里的老同事都苦口婆心给他指路："你做节目，一定不要按自己的喜好来，要考虑大众需求。"刘同是一个认真和较真的人，一方面转变思路，一方面更加勤奋努力的学习，加班，他认为这样就一定会被认可。一天，他采访后回到台里，正巧听到台里领导谈他，领导说："刘同这个人，实在不是做电视的料，还是让他走人吧！"听到这句话，刘同像泄了气的气球，一下子呆在那里。

但是这句话没有把刘同打倒，他反而调整了心态，更加塌下心来学习，做事。他拼命的程度都"令人发指"，一天24个小时，他工作15个小时。付出就会有回报的，他的节目终于得到了认可。

他在其他的文章里说，如果自己不振作和调整，那自己可能永远站不起来，更不会有今天这样的成绩。

有一句话说得好，让人家帮你，首先你得伸出手来，如果你连手都不伸，想帮你都找不到方法。而伸出手来这个动作，是靠自己完成的。你自己不振作，神仙拿你也无能为力。

我有一个姨家表妹就是这种气得让人牙痒痒的人。

这个表妹住在乡下，家里养了很多头猪，还种了一点儿地，日子也算是过得去。可是谁知道天有不测风云，有一年,全国猪价大跌，她们家养猪不仅没赚钱，还赔了几千块。钱虽然不多，但是也让她们一家备受打击，表妹接连好几天不吃不喝，表妹夫也是，一天到晚唉声叹气，愁眉不展。

亲戚们心疼她们，每家凑了些钱给她们，让她们作为本钱再买些小猪来养。谁知道被表妹两口子一口回绝了，她们说谢谢大家的好意，养猪不挣钱，倒赔钱，这辈子再也不养猪了。

其实不养猪做一点其他的也行，谁知道他们竟然一蹶不振，不仅不养猪，连地也给卖了，说有合适的地方出去打工。开春务工的人都走了，两个人还没动身，整天在家打麻将。日子过得逍遥，但也凄惨，有几天都没有钱买米了，只好到各个亲戚家借钱。大家看她们凄惨，可怜，帮了几次，可是后来，看到他们年纪轻轻就不干活，整天好吃懒做，游手好闲，就没人帮她们了。

自己不振作，谁又能帮得了你，谁又能总帮着你！

2017年年初，农妇伍继红的名字被众人熟知。这样受关注的原因是，她是中国人民大学的毕业生，一个国家一流高等院校的毕业生，竟然沦落到在大山里申请低保过日子的地步，让人不得不唏嘘她这些年经历了什么。

其实伍继红也没经历什么太不寻常的事，和现在大学生一样，毕业之后想着找工作。不同的是，找工作屡屡受挫后，她开始放松对自己的要求，先是到南方的小工厂做编织女工，后来和一个没读过几年书的男人结婚、离婚，又同一个年纪更大，根本没上过学的人结了婚，住在都快消失的泥草房子里，生养了一堆孩子，靠领低保生活，很好的一把牌，被她打得稀烂。

其实，如果她在受挫的时候不是一蹶不振，逐步妥协，而是迎难而上，会是什么结果呢？那时候是20世纪90年代初，正是需要人才，重视人才的时候，她应该拥有更美好的人生。可是，就因为她的不振作，让她的人生驶向了另一条车道。

人生的路有千万条，关键看你怎么选。

伍继红的故事结尾还算可以，她的校友和当年的老师听说了，过来看她，镇上给她安置了房子，办了低保。生活勉强过得去。

你选择了放弃生活，生活也会选择放弃你。

青年作家赵星在她的书中讲了一个催乳师的故事。这个催乳师是给她做服务的，两个人相处时，催乳师反反复复告诉她，趁着年轻，一定要多做事情，多赚些钱，要奋斗。这个催乳师60岁，住在京郊，每天五点从家里出来，到市区要用两个小时，晚上坐最后一班车回家，到家的时候总是午夜。没有强大的自律，没有强大的信念支撑，没有人能做到。

赵星讲完这个故事，无限感慨地说：一个60岁的老人都这样充满斗志的奋斗，我们还有什么理由不振作起来？

是啊，劳动创造美好生活。世间所有的一切，都需要靠努力和奋斗创造。没有平白无故的成功，也没有毫无收获的努力。想要人生静美，就要先让人生经风历雨。所有光鲜亮丽的背后都有辛苦付出。

电影《超市夜未眠》里有一句台词说得好，知道自己想要什么，等于成功了一半，多数人一辈子浑浑噩噩，就是因为不知道自己想要什么。自己不振作，没有人能帮得了你，世界上能拯救自己的只有自己。

赵星原来没有钱的时候只能租住在一个小房子里，房子条件很差，两个人共用一个房间，房间小得只能放下两张床，十几个人共用一个厨房，一个卫生间。她没有因为条件不好自我放弃，而是埋头拼搏打江山。如今通过自己的努力，终于住在一百多平的大房子里，过上了自己想要的生活，而刘同经过人生的拼搏，也达到了事业的顶峰，成就了不一样的人生，生活品质和刚开始到北京的兵荒马乱比，也可以说是岁月安好。如果他们不拼搏，不奋斗，不在逆境中站起来，别说岁月安好，生活应该都会成为问题吧。

6. 只有你自己才是自己的金刚铠甲

朋友小蕊生病了，一脸菜色。

我心疼地问她怎么让自己病得如此狼狈？她抽抽鼻子："我和男朋友分手了，分手后我把自己锁在出租屋里好几天没吃没喝，结果就把自己弄成了这个样子！"

听她说完我惊讶地张大了嘴巴。和男朋友分手的女孩子我见得多了，把自己弄得如此惨兮兮的我倒真没有见过，你这是惩罚男友还是惩罚自己呢？

小蕊是我的铁杆闺蜜，很小的时候我们就在一起混，到现在该谈婚论嫁了还是混在一起。她的男朋友我认识，有钱、有才又长得帅，是一个传奇的存在。小蕊遇到他就像灰姑娘牵上了王子的手，欢喜得不得了，每天小鸟依人地倚在帅哥前尽心服侍，好像一个忠心的小女仆。

"你这样是不是太黏了，恋爱中的女孩子还是要有点架子的！"我忍不住提醒她。"不行，你知道我什么条件，也知道他什么条件，如果我再变成一个野蛮女友，他能和我在一起吗？他说过，就喜欢我的温柔，说过做我一辈子的铠甲，帮助我，保护我！"看着她一脸陶醉的样子，我还是忍不住告诉她世上最靠不住的就是承诺。"不会，要是世上有一对最真挚的爱人一定就是我们！"她固执地扬了扬拳头，我只好闭上了嘴巴。

谁知道竟然被我的乌鸦嘴说中，在我们进行完那次谈话后没多久她失恋了，很老套的桥段，她被劈腿了。"我真的真的就想找一副铠甲的！"趴在我的怀里，这个小丫头一脸眼泪。我明白她的这句话。

小蕊很苦。苦的原因是她家很穷，不仅穷，她的爸妈还重男轻女，为了要一个继承香火的男孩，她爸妈连生了三个女孩，她是老大，俗话说长姐如母，虽然她家还不至于到让她撑家的地步，但是从能跑能跳起，家人就把她当保姆使。她没有童年，她渴望爱，渴望臂膀，渴望一副铠甲。人帅又有钱的男友就成了她寻找的那副铠甲。只是我的傻丫头，用他人来做自己的铠甲，真的靠谱吗？

同样的故事也发生在我朋友小雨的身上。但是小雨却是一个不需要寻找铠甲的姑娘。小雨和男朋友分手了，很丢脸的那种，男朋友喜欢上了她的闺蜜。知道的那一刻，悲痛像汹涌的海水瞬间灌满了她的身心。她把自己锁屋里，掉了三天眼泪，第四天的时候，为了扫去关于他的所有记忆，她连夜乘火车到了一座心仪许久的小城。小城有一家画舫，因为她是美术学院的毕业生，很轻松地找到一份打下手的工作。工作之余她拿着笔开始画画，一幅一幅，为了提升自己的技法，她又参加了一个画画班，画更是韵味十足，先是在老师的画展上露个脸，后来在老师的资助下办了个小型的画展，之后一发不可收拾地画画、卖画，成了当地一个小有名气的画家。

年底相见时我问她有没有心仪的另一半，怎么说在这个世界上，男人和家还是一份依靠！她粲然一笑："为什么要找另一半呢？为什么要找依靠呢？我要强大地当自己的铠甲。"我被这个娇小的女子惊到。当自己的铠甲可是要有一种气魄的。

不过话说回来，世间的事谁又能说得明白，看来看去，最靠得住的还是自己，所以，与其找一副铠甲让自己安全，真不如修炼自己，让自己成为自己的贵人。

刚写作的时候，结识了天南地北的文友。其中一个文友说非常喜欢我的文字，说他有资源，只要跟着他的风格写文章一定会鹏程万里。我年龄小，功利心切，每天小蜜蜂一样紧紧跟随。可是，半年过去了，一年过去了，我的文集没有问世，因为疏于练习，擅长的文体也荒疏了，好不容易积攒的编辑资源也因为我供应不了高质量的稿件而渐行渐远。而他在我一次次催问什么时候能达成我的心愿时，消失了。

是夏天，可是我的世界开始下雪。

很长一段时间，我萎靡不振，几乎放弃了我心爱的写作。直到有一天整理房间，看着书架上大大小小近百本样刊，我的心被触动了一下，这都是前两年我的成果。看着这些，我的心忽然豁朗起来，没结识这位文友的时候，我就在写作，并且写得很好。可是为什么有了一根拐杖，忘了自己本来就会行走？我岂不成了邯郸学步了吗？而且好像比邯郸学步里的那个人还可怜，那个人不会走路，还能爬回去，我好像连爬也给忘记了。

想到这里，我恨不得使劲儿打自己一顿嘴巴。轻微调整之后，我重新坐在了电脑前。

因为有些底子，不长的时间后，我的名字又开始出现在大小报刊上。我擅长写家教类的文章，重新拿起笔写作不久，一个出版公司找到我，要和我合作一套丛书，又有一个编剧找我写剧本，度过了一个迷茫期后，我终于又走上了正轨。

看着一份份从天而降的机会，我欣慰地在心里笑，我傻子一样拼命给自己找铠甲，可是找着找着才发现，上哪里找守护你的金刚铠甲，努力的你才是自己的金刚铠甲。

第 四 章

自律的人最好命

"世有伯乐,然后有千里马。千里马常有,而伯乐不常有"是《马说》里的句子。

在人生前进的道路上,人们都渴望遇到贵人相帮,好运常伴。一样的成长成才路,有贵人的指点和引领,可以少走很多弯路,尽快到达终点;没有贵人指点,靠自己摸索,不碰一个头破血流就能找到路的入口,简直是奇迹。

贵人不宜求,但是三人行必有我师,只要你的执着打动了别人,或许就能吸引来贵人相帮。

光亮是喜欢被光亮吸引的。你足够优秀,或者有足够优秀的潜质,才能吸引别人关注的目光。所以,先修炼自己,再寻找贵人比等着贵人上门来找你更靠谱。当你足够自律,不仅贵人,好运气一样会奔你而来。

1. 不自律真的会毁前程

春节参加同学聚会，听到一个爆炸性的新闻，商界名流班长破产了，现在远走他乡，杳无音信。

据知情同学说，班长破产的原因是染上了赌博，先是挪用公司一小部分的货款，接着动用公司的周转资金，最后在网上借了高利贷。高利贷的钱是按复利计算的，没用多久就翻了好几个番，于是卖了公司，遣散了员工，跑路了。现在是人间蒸发，音信全无。真是人生如下棋，走错一步棋就能毁了一个人的未来。

说起班长，我总是忍不住想起他的"峥嵘岁月"。班长聪明，不看书，不怎么听讲，作业有时候还不完成，可是每次成绩都能把我们认真学习的同学气得吐血，考大学也是同学中考得最好的。唯一让他的光环黯淡些的是大三时恋上了校花，做出了不可描述的事情之后悄然退了学。然而他的人生并没有因退学落到谷底，反而风生水起，先是做家教，后来办起了培训公司，又开了图书文具连锁，现在是我们当地小城培训界中的老大和出版界的巨头，身家不菲。

千万家业竟然败在了赌博上，为班长惋惜的同时，我想到一个词——自律。君子黄赌毒不沾，让自己败在了赌博上，太不自律。听说班长开始"堕落"是在把图书连锁开起来之后。那时候班长身家已经百万，认为自己赚的钱已经够多的了，于是开始和一些朋友泡吧玩乐。觉得一切都不过瘾了，开始了赌博，先是小赌，后来越玩越大，居然去澳门的赌场，结果可想而知，不菲的身家一点点被他败光了。如果班长好好地把控自己，自律一些，就不会落到这个身败名裂的下场了。

管理自己是一件小事情，但是却可以通过这件小事情决定一个人的成败。很多时候，不自律真的会毁了你的未来。

一个人不自律，杀伤力怎么会这样大？

这个问题太好理解。人本身都有惰性，说人是一种惰性动物再恰当不过。恨不得天天睡懒觉，晒太阳，打游戏，逛街买买买，只不过因为工作、生活，人们都克制着自己的行为。生于忧患，死于安乐，一旦打开慵懒的阀门，就没有心思约束自己，必然像小树和荒草，肆意疯长。

刷网络，看到一个让人印象深刻的新闻，一个老员工，因为接了一个30秒钟的电话而被公司辞退了。接30秒钟电话就丢了饭碗，着实有些可惜，可是听了背后的故事，就觉得一切顺理成章了。

这家公司是一个加工制造公司，最近总部抽查加工样品，有很多不合格，调查监控才发现有许多员工在工作的时候玩手机。杀一儆百，公司召开紧急会议，宣布在工作时间谁都不可以使用手机，违令者开除。命令没发出多久，这位员工就接了这个电话，事情就发生了，被领导看见直接开除。接一个电话就被开除，好像是挺冤的，其实一点也不冤，公司调了工作车间的监控录像，这名员工平时手机不离身，有事没事都要摆弄一会儿，接电话，点个赞，刷个朋友圈，忙得不亦乐乎，根本就没把公司的规章制度放在心上，肆无忌惮，无所顾忌，因为公司一直没有整顿，就侥幸躲过。而这次，他只是撞到了枪口上而已。

网上为这位员工叫屈者一片，我却要为这家企业点个赞，连自己都不能管好的人，凭什么对他仁慈，委以重任？我在外面飘荡那几年，上过两个短期的培训班。其中一个培训班的老师特别亲切，课余的时间喜欢和我们聊天。有一天聊到了一个我们读书时候的话题，老师幽默地问："说实话，你们上学的时候是不是都没怎么好好学习啊？"一句话问到了我们的心里，如果上学的时候我们知道努力，好好读书，真的不至于这样大的年纪坐在培训班的课堂上补课。所以我们都没说话，只是嘻嘻地笑。老师看见了，接着说："那让我猜猜你们上学的时候都干了什么吧！"于是老师掰开手指头细数：看闲书，偷偷喜欢小男生或者小女生，打游戏，上课迟到，课堂上呼呼大睡……我们用笑声回答他，他说的都对。我不知道别人，却知道我自己。

读高中时，我没有考上市里的重点高中，只好上了一所普通学校。优中选优，好孩子都进了重点学校，我们学校的孩子从资质水平到精神面貌都差了一大截，学习的劲头更是差了一大截，上课睡觉打闹，晚上勾肩搭背出去闲逛是大多数孩子的常态。

开始的时候，我也是想好好用功学习的，可是看到同学们都不学习，自己也就没有了学习的劲头，随波逐流地得过且过。我是慢热型，不太喜欢交际，就在课堂上看闲书。学校附近有好几家租书屋，里面言情小说我看了一个遍。结果高考的时候我只考了四百零几分，和二本的分数线差了十万八千里，只好上了一所大专。大专毕业难找工作，我遭遇了毕业就失业的尴尬，才发现学历的重要性，回过头来坐在这里补知识。

如今想到高中那么美好的三年竟然被我用来看言情小说，就恨不得抽自己两个嘴巴，时光多好啊，多重要啊，我却白白地浪费掉，现在才知道知识的宝贵，时间的宝贵，有什么用呢，时光换不回，年华换不回。我考高中的时候，虽然和重点高中擦肩而过，但是成绩也不低，在这个普通中学也算是佼佼者了，如果我努力点，管住自己，不随波逐流，用老师的话说，考上一个二本完全没有问题。现在我的人生轨迹已经和我预想的发生了严重的偏离。这不是我想要的生活，可这又怪得了谁？天下没有后悔药，自己配的苦酒只有自己喝了。个中滋味啊！

那天，培训班的老师心情好像出奇得好，不仅饶有兴趣地给我们讲了他求学时候蹉跎光阴的故事，还让我们讲讲自己当年的故事。他说他当年也是一个不愿意学习的主。当时学校不远处的胡同里开了一间网吧，开始的时候看着同学去玩，还挺不可思议，劝同学不要玩物丧志，好好学习。谁知道自己去了两回之后，竟然再也拔不出来，只要有一点时间，有一点闲钱就钻到里面去，像着了魔一样，原来很好的学习成绩自然也一落千丈。明明自己可以考一本的，结果三本都没考上。

他讲完自嘲地说:"都说吃一堑长一智,现在才知道这个堑是拿青春做代价的,真是亏大了!"他说完我们大家都笑了,原来我们都曾经是那个被不自律害了的孩子。

不自律到底有多可怕?网上有一条关于不自律的答案:不自律会使人懒惰、空虚、无助和绝望,随之人会变得懒散,对一切失去兴趣、得过且过、随遇而安。

而不自律带来的终极影响,从《你的不自律正慢慢毁了你》《不自律会毁了你的婚姻》《妈妈,你的不自律会毁了你的孩子》《世界正在惩罚不自律的人》等文章的题目中就可以看出来。古代暴君商纣王,因为骄奢淫逸不自律,断送了万里江山,更是不自律害死人的极致典范。不自律之所以害死人,是因为它毁的是人的精神和意志。一个人的精神和意志一旦消散了,还怎么可能唤起斗志?

知乎上有一个非常有深度的问题:人是怎样废掉的?答案五花八门,有沉迷游戏,沉醉于虚拟的成就感,放纵自己,不求进取,我却从这里面归纳出了一点,人是因为不自律,因为自我放逐废掉的。

班长的破产和败走,是这句话的有力论证。人,只要一颓废,上天一定会收走你的天赋。

2. 好运气都藏在自律里

新年刚过，好友李君就给我打来报喜电话，告诉我她签约了一家公众号平台，月薪八千，相当于她现在两个月的工资。她在电话那头掩饰不住兴奋地问我："你说，我这几年怎么就这样幸运呢，一开年就钓到了这样一条大鱼。"我说："不是你幸运，是你努力，这些都是你应该得到的奖赏。"

我不是恭维她，更不是敷衍她，我说的是实话。

李君是我的老乡兼死党。我们一起度过了小学和初中的美好时光。中考时，因为我的理想是考大学，看外面的世界，她是做一个幼师，所以我们分道扬镳，我去省城读了大专，她在市里的职高读幼师。然而理想很丰满，现实却总是很骨感，毕了业，我没有到更远的地方去看世界，她也没有找到一家合适的幼儿园，于是，她到省城来找我。我们两个一起挤在狭小的出租屋里。

找工作是一件烦人又磨人的事。一次次碰壁之后，我开始心灰意冷，她也是。后来干脆不出去，我们一起躲在房间里上网，看小说。

有一天，她说："咱们这样喜欢看小说，又找不着工作，干脆咱们写小说吧！"

我听了马上使劲摇头："听说网络小说写手每天要更新好几千字，还不能断更，很辛苦的。况且有很多写手都不赚钱，名利双收的仅仅是金字塔尖上的那些人。"

她听了不以为然："辛苦点就辛苦点，总比我们找不到事情做强吧！我开始不多写，每天就写三千字。说不定哪天写得好了，就赚钱了呢！"

我嬉笑着说她是白日做梦，别说她一个职高毕业的中专生，就是中文系的高才生，有几个能写小说赚钱的？赶紧想着好找一个工作吧。谁知她根本不在乎我的冷嘲热讽，只要有空闲就打开电脑噼噼啪啪敲字。她一写就写了五年。刚开始的时候，她在网站写小说，写着写着觉得不过瘾，开始写报纸和副刊。前些年，纸媒式微，公众号、自媒体风起云涌，她又开始给公众号投稿。

我还记得她写公众号时候的那份辛苦。那时候她在一个私人的幼儿园做老师，因为下班比较早，家里又等着用钱，她晚上在家附近的超市里找了一个售货员的活儿，每次回到家里都超过十一点。可是就这样晚，回来之后她都要打开电脑写上一会。有好几次我夜里醒来她都趴在桌子上睡着了。

有一段时间，她感冒了，发烧，嗓子疼。整个人像经历了一场浩劫一样，没有一点精神，但是她还是硬撑着写。我劝她歇一歇，她说自己好不容易培养起来的习惯，不想妥协，因为一旦妥协了，就不知道自己会不会再站起来。

今年是她写公众号的第二年，不过几年的时间，她已经敲坏了三个键盘，一个二手笔记本电脑。值得庆幸的是，她不仅写出了若干篇"十万加"的爆文，还给两家公众号做了运营编辑，加上刚刚签约的这个公众号平台，真像她说的一样，好运一波波冲她涌上来。

　　可是，真的仅仅是运气的眷顾吗？我们都知道，不是。运气也像机会一样，永远留给有准备的人。

　　一个朋友给我讲了一个他兄弟的故事。他兄弟叫强子，有一个漂亮的女朋友，还有一身彪悍的肌肉。强子向女朋友求婚，女朋友告诉他，要把体重减到标准线以下，不然一切免谈。强子不想吃减肥药，也不想节食，更不想失去女朋友，就决定跑步。

　　强子为了尽快把身上的赘肉减下去，也为了不让自己跑着跑着就没有方向，打退堂鼓，就参加了一个线上的跑步营。这个群非常有意思，无论任何原因，都不准请假，不然扣发押金，驱逐出群。都是血气方刚的大男孩，被驱逐出群太伤自尊了，于是，强子就咬着牙坚持跑。为了鼓励自己，他不仅在群里打卡，还把截图发到了朋友圈里。

　　风风雨雨坚持了半年，那讨厌的30斤肉终于被强子跑了下去，人显得帅了许多。帅了的强子开始爱上跑步，不仅参加一个又一个线上跑步营，还组织了好几次本地线下活动。

　　有一次，他刚在一个线下活动现场做完活动，就被一个人拉到了咖啡厅，那个人告诉强子，自己是一个企业的负责人，为了增强员工的体质和企业的向心力，企业高层决定让员工每天早上跑步，执行了几天，员工的情绪都不是很高，态度也不是很好，所以效果也不是很好。他知道强子经常组织线上线下的跑步活动，就想聘请强子给他们员工做领跑，每天早上带领大家跑步。知道跑步很辛苦，所以他们打算每个月给强子两万块。

这个朋友说，强子可真是好命，现在有多少人找不到赚钱的路子，强子每天工作一小时，月薪就两万块。我马上反驳，不是强子好命，这个钱给你，你能赚来吗？朋友摇了摇头。自古就有一句话，没有金刚钻，揽不来瓷器活。自己没有准备，不具备那样的实力，别说两万块，就是十万块，也只是眼巴巴看着别人拿走。

而金刚钻，一般都是靠着自律磨炼出来的。

我们当地有一个非常厉害的剪纸艺术家，看着人的相片，或者和这个人打过照面，就能惟妙惟肖地剪出来。有一天我有幸和她结识，忍不住问她，这样特殊的本事是怎么得来的。她嘿嘿一笑："还能怎么得来，一点点学来的。"说完她给我讲起她学剪纸的故事。她的奶奶是一个有名的剪纸艺人，为了把这门技艺传承下去，在她很小的时候，奶奶就教她剪纸。那时候她才几岁，贪玩，而且小手细嫩，不小心就会剪到手指。可是奶奶非但不心疼，还督促她练习。

剪纸不是我们想的那样拿把剪刀咔咔咔直接剪，精美的作品都要先画出来。所以奶奶不仅督促她剪纸，还教她画样子。有好几次她嫌累，偷偷地把剪子藏起来，把纸撕碎。这些小伎俩当然逃不过奶奶的法眼，奶奶不仅让她把剪子找出来，还不允许她吃饭，不允许她和其他的小朋友玩。她们家有一个空屋子，奶奶把她带到那里，扔给她一把剪子和一摞纸，直到她同意剪纸，并不再发脾气，才把她放出来。为了早点跑出去玩,她只好乖乖地伏在桌子上画样,剪纸。后来长大了,奶奶再也不用看着她了,剪纸竟成了她休闲的方式,只要有空的时候就拿着花样剪。

那时候她剪纸还仅仅是出于习惯。半年后,她们当地的文化馆举办一次弘扬新传统风俗民俗大赛,她才把剪纸提上奋斗的历程。每天都要剪上几剪子。就是这几剪子,让她拿到了民俗大赛的金奖,也是这几剪子,让她成为当地一个剪纸大师。今年初,上海一家文化公司邀请她做公司的设计师。

一个小县城的姑娘成了大上海一家公司的设计师,真的是天上掉馅饼的大好事。可是,如果她不那样辛苦地学习剪纸技能,这个幸运的馅饼也不会砸到她的头上。世上真的没有幸不幸运这回事,只有准备没准备好这回事,而机会总是垂青于准备好了的人。自律,把自己变得强大,就是通往这个机会的地铁。

韩国平昌冬奥会闭幕式上,演员李菲儿受到了大家的广泛关注,不仅仅因为她是唯一一名被邀请参加的女演员,还因为她惊艳的舞技,演员出身,滑冰零基础的李菲儿滑出了世界专业的高度。

刚选定李菲儿参加闭幕式节目时,我也是觉得她够幸运,可是在电脑上追着看了《跨界冰雪王》之后我乖乖地闭上了嘴巴,张艺谋选上她,不仅仅是因为她长得漂亮,还因为她够专业和拼命。

李菲儿毕业于中北国际演艺学校,由于出演黄晓明版《鹿鼎记》中韦小宝的夫人曾柔而为观众熟知。在《跨界冰雪王》节目中再一次被大家所瞩目的原因是李菲儿的拼命,没滑过冰,站在冰面上一次次跌倒,却强迫自己练习,一圈圈,一次次,身上摔得青一块紫一块，她甚至在微博中都更新出"累到崩溃，想哭"的文字。可是这个崩溃想哭的小姑娘，不仅咬牙坚持下来了，还成了冰雪王的全国总冠军，拿到了参演张艺谋《北京八分钟》的入场券。

　　世界上没有一滴汗水白流，更没有平白无故的幸运。有的只是努力努力再努力，坚持坚持再坚持。

3. 你有多自律就有多发光

很多年前，我在一所中学读高中，班上有一个高高瘦瘦的女孩子，每天都在拉着我们的仇恨。

语文课，老师问谁知道东施效颦的故事？她举手说了一大堆。数学课，老师说谁能表示出这个函数的合集？她跑到黑板上一写就是一串。英语课，老师说谁能把课文背下来？她张扬地举着手，就连历史课、地理课、生物课，老师提出的问题她都能旁征博引，对答如流。连老师都惊讶于她的高智商和接受能力，旁敲侧击地问她是不是学过。她说没有，她也是今年新入学的，刚接触到课本，并说这些东西也不难呀，都在书上写着呢。老师说是不难，也是都在书本上，没有一点超纲，可为什么别的同学都不知道，就你会呀？她说我看了。

她的这句话让我后悔不迭，我们怎么就没想到看看呢？只有我们自己知道答案，我们没有自己看书的主动性和习惯。在我们的思维方式里，老师讲什么我们听什么，老师留什么我们写什么，虽然我们也知道预习和复习是学习路上的金箍棒，所向披靡，但是没有心情去做。我们的时间还得玩，还得聊闲天，哪有时间和心情看书和预习。

后来她考上了北京大学。至今我还记得学校为她开庆功会的场面多么热烈。这样隆重是有原因的，她是我们学校建校以来唯一考上北京大学的学生。

去年同学们建起了微信群，她也被拉到群里面。虽然都是千辛万苦拉到里面的，但是大家生疏了许多年，早已找不到同学时候的亲密，于是就有人提议，大家天南海北的，都发个照片到群里让我们猜猜你在哪里、是做什么工作的，也活跃下气氛。

这个提议得到了众人的欢迎，纷纷在群里爆照片，有开小餐馆的，有背后是三尺讲台的，有推着钢筋水泥的，也有某个城市光怪陆离街头的。晒完都哈哈笑，小乡镇的普通高中也决定了前途，大多数是在三四线小城做着一副糊口的生意，谁也没成功到哪里去。

数来数去，没有她的照片。有人在群里喊话："是不是看不上我们了啊，连张照片都舍不得发过来。"

她发过来一张笑脸，之后发了50元的红包，再之后才发来照片，是一个漂亮的街头，看着照片，我们都不吵闹了，照片的背景是华尔街，她已经成为美国华尔街上一个高级金领。像小时候一样，看着照片，我们眼中全是膜拜的目光。她几乎成了我们同学之中的神话。然而，一次和一个曾和她同一宿舍的同学谈天，才知道神话没有那么容易成就。

无论冬夏，每天凌晨四点，同学们睡得正香，她就会从床上爬起来。夏天拿着一本书到操场上晨读，背诵，冬天躲在被子里用手电照着书，有时候还缩在卫生间里借着灯光做题。她起得早，睡得却晚，每天晚上都要躲在被子里面背一会题再睡。她对自己也很苛刻，从来不心疼自己。有一次因为太疲劳起得晚了，她竟然用不吃早饭惩罚自己。同学说现在还记着她惩罚自己的那天早晨，同学们都在宿舍里吃饭，她拿了一本书坐在床上背英语单词，伴随着同学咀嚼声音的是她肚子咕噜噜的叫声。大家都劝她吃点东西，免得饿坏了，学习真的不差这一会儿。她说不行，一定要让自己记住挨饿的滋味，不然害怕以后还有第二次、第三次。

那天后，她去买了一个闹钟，后来发现即使把闹钟放在被子里，也会吵到同学，于是她每天晚上睡觉之前就喝一大肚子水，利用生理现象强迫自己早起。

同学说那时候她还不知道自律这个词，现在才知道，她就是靠着自律这把钥匙，从我们一帮学子中突围而出的。同学说完无比惋惜，当年大家只顾嘲笑她读书读傻了，要是跟着她一起"傻"，说不定自己现在也不是这样的生活了。

同学的话也引来我的一声长叹。我们当年只顾嫉妒她身上散发的光芒，忘了是什么让她这样发光。拿破仑曾经说过，管理好自己的人，比拿下一座城池还伟大。可见管理好自己的人，是能够发光的。而倒过来推，想要自己发光，真的要为发光付出些代价来。

不止一次听说自律的人会发光。

青年演员张震为了拍《一代宗师》，曾经花了三年的时间学习八极拳。为了保证学习效果，他每天都到北京住所边的一个小树林里练习，在这片小树林里，他选了一棵专门属于他的树，每天陪伴着他练习压腿、靠背，夏天五六点钟就开始，冬天七八点钟开始，每天早上三个小时，晚上三个小时，春夏秋冬，风雨遇阻。最后他还以选手身份参加了全国"神枪杯"八极拳比赛，获得了青年组第一名的好成绩，结果《一代宗师》大火，他也大火。

莱斯是美国的美式足球前卫接球员。当他还在高中校队的时候，每次练习之前，摩尔高中球队教练查尔斯·戴维斯都规定球员以蛙跳的方式，弹跳前进一座三十多米高的山丘，来回20趟后才能休息。密西西比的天气炎热而潮湿，不少运动员练到几趟之后就因为吃不消偷偷溜走放弃了，莱斯在完成第11趟之后也感到吃不消，可是他从来没有半途而废放弃，而是继续在练习场上完成他的弹跳。

成为职业球员之后，莱斯到一处位于加州圣卡洛斯的野外山径练习体能。这条山径全长约有2.5里，莱斯每天要往返20次。当球季结束之后，其他的球员都去钓鱼或享受假期，莱斯却仍旧保持勤练的作息规律，每天从早晨七点钟开始做体能训练，直到中午。曾有人开玩笑说："他的身体锻炼到高度完美的状况，连功夫明星跟他比起来都只像是个相扑选手。"

美国职业足球联盟明星凯文·史密斯这么描述莱斯："许多人所不能了解的地方是，莱斯总把足球赛季看成是一年365天的挑战。他的确天赋过人，然而他的努力更是凌驾于他人之上，这正是好球员与传奇球员的分野。"

每一个自律的人都能创造出一个奇迹来。

　　自律的生活可以帮助我们挺过人生艰难的时光，可以强迫自己克服不应该有的情感和情绪，凭此就足以光芒万丈。

4. 自律了，才能遇到贵人

　　每个人在生命中最愿意遇到的就是贵人，有了贵人的指引，会少走很多弯路，前途也变得光明很多。贵人可不那样容易寻找，俗话说，千里马常有，伯乐却不常有。

　　我的邻居齐齐就每天抱怨遇不到自己的伯乐。齐齐学的是美术，在我们当地一家画室做画师。画的画虽然没有画家的水准，也算得上构思精巧、清丽脱俗，用她自己的话说，不是画室里画得最好的，也是画得第二好的了。她一直希望遇到一个慧眼识英的人可以点拨或者提拔一下自己，要是再为她指点一条康庄大道，那可真是再好不过的事了，毕竟她不想总窝在一个小画室里做一辈子的小画师。可是事与愿违，真的应了那句话，千里马常有，伯乐不常有，尽管画室经常有小有名气的书画家光临，却没有人对她的画青睐有加，更别说向她伸出橄榄枝。这让齐齐非常烦闷。

　　让她烦闷的另一个原因是，同样是在画室工作的小美，就遇到了一个贵人，一个美术学院的教授，不仅不计报酬地指点小美，还根据她的绘画风格，介绍她给一家儿童杂志做插画。如今的小美，早已经从这家小小的画室脱离出去，成了一个小有名气的插画师了。

我非常理解齐齐的烦闷。在奋斗的道路上，有没有人引领真的不一样。当年我刚开始写作，根本弄不清该怎么来写，写好了投到哪里，就在网上找文章，找邮箱，把写好的稿子哗啦啦地塞到邮箱里往外投。结果自然可想而知，大半年的时间，一篇稿子也没有发表。

但是我总觉得自己是一个打不死的小强，屡投不中并没有打击我的斗志，相反越战越勇，依旧锲而不舍地写稿投稿。那时候我还在一个子弟小学做代课老师，每天回到家里，第一件事就是翻邮箱，看看是不是藏着一封用稿通知。当然这个习惯幼稚又好笑，连续好几个月，我的邮箱里空空如也，别说用稿通知，就连一封自动回复都没有。不过有一天情况有些特殊，那天我的邮箱里躺着一封邮件，是一个邮件回执，上面只有几句话：你的稿件怎么能投到我的邮箱里呢？而且投了那样多。我是一名记者，如果你是一名文学爱好者，写作方面遇到什么问题，又不介意的话，我可以帮助你。

我高兴坏了，不仅马上添加了他的qq，还传过去一篇稿件让他帮我看看哪里不合适。而他也是一位非常热心的人，不仅详尽地指出了我文章的优缺点，还给我讲了很多投稿的技巧，并告诉我，如果我愿意，可以每周给他发一篇文章，他帮忙点评。

这句话太鼓舞我的斗志了，后来每周我都会发过去一篇文章请他点评，之后依着点评建议一遍遍地修改打磨。这样大约过了两个月，有一天他问我知不知道为什么他想要帮我，我说不知道。我是真的不知道，都说现在人和人之间隔着层山，很少有人愿意无条件帮助陌生人，可是他竟然像老师一样默默地指导我，支持我，真的让我有些不理解是为了什么。知道我不清楚答案，他说："因为你往我的邮箱里投的那些稿件有十几封之多。我就非常想知道写稿件的这个人是谁，就给你发了一封邮件，当时真的没想到要帮助你。后来你请我看文章，极其认真地听取我的意见，修改文章，而且每周都给我发邮件过来，我就知道你是真心想学习，并且有毅力，才想到要帮助你的。你要知道，写作是一个累心的活，没有强大的自我管理能力，是做不到每天看书、写稿、改稿的。"

他的话让我惊了一身冷汗，如果我不虚心听他的意见，不好好修改文章，不雷打不动地一周给他一封稿件审阅，那这一切都不会发生，我还是那个在写作路上东摸西摸的苦行僧。

一切真是好险。当时和他讨教写作的时候，有好几次太忙太累了，我都不想写下去了，后来想着电脑那边有一个陌生人无私地帮着你，就不好意思打退堂鼓了。而且为了避免自己再管不住自己，我把闹钟调到五点，闹钟一响，无论多困都从被子里爬起来坐到电脑前。如果我中间懈怠一下，这个"贵人"或许就离我而去了。

而这仅仅是我遇到贵人的开始。一年之后，为了让自己尽快进步，我参加了一个网络写作培训班。本着对得起自己交的学费的小心思，我每堂课都认真地听老师讲课，课后认真地完成老师布置的写作作业，这还不算，老师点评的作业，我总是一改再改直到老师说可以了为止。最后老师都半开玩笑地和我说要不要休息休息，也让老师休整一下。虽然老师这样说，但是我给老师的印象应该还不坏。不久，他就给我介绍了不少杂志的编辑，还给我提供了不少投稿邮箱，一步步教我投稿。老师教得好，我也学得勤奋，不长时间后我的文章开始见报，接着有编辑找我约稿，有平台找我写书，还有培训班找我合作讲课，我一下子成了忙人，每天忙得不亦乐乎。在这些老师的带领下，我不仅尝到了文章见报的喜悦，还收获了图书出版的快乐。而去年简直是我最幸福的一年，也是运气最好的一年，我在当地一个著名编剧老师的引荐下接了电视台的一个短剧，一个月之后短剧开拍，我也欢欢喜喜地过了一把编剧瘾。

　　老公嬉笑着说我，这是不是要开挂的节奏啊，怎么感觉我路子越走越宽，越来越顺了呢？是的，我的路子越走越宽，越来越顺，因为我的贵人多啊，到现在为止，写作的每一个领域都有一个肯带我教我的老师，有老师的指领，还害怕找不到前进的路？

　　但是只有我知道，这些好运的背后，我付出了怎样的辛苦。写作是一个需要安静的工作，我们家人口多，房间又少，真正安静下来，可以让我进入写作和学习状态的时间是在半夜大家都熟睡后。所以我给老师和编辑发出的邮件都是接近深夜，有好几次，为了写一篇稿子，我熬了一宿，第二天上班站在讲台上都感觉自己能睡着。

即使这样，我晚上依旧看书、写作，没有一天耽误的。有一个喜欢的爱好不容易；有一个喜欢的爱好，并且有人带着你，让你的爱好成为梦想，更不容易。我不想失去这些牵我的贵人，所以异常努力。

而齐齐所嫉妒的那个女孩小美，又何尝不是一个自律的孩子。每天小美都是早来晚走，她知道自身基础薄弱，每天都辛苦地练习。不仅如此，她们画室经常有一位美术学院的教授光顾，为了让他指点一下自己，她总是一次次不厌其烦地向教授请教问题，有时候还悉心地整理成一本笔记，把教授提到的专业书都翻个遍。她的业余时间也都用在了练习绘画上，那段时间她用过的纸笔不计其数。教授最后决定帮助她的原因就是看到了她的勤奋。青春爱闹的年纪，能把自己禁锢在小小的画室和书房里的人，需要有很大的决心和毅力。而这个决心和毅力，是从事绘画事业不可或缺的。教授看中了她身上集聚的巨大潜能才决定出手相救。就像投资，贵人也有自己的要求和准则，也在寻找着潜力股。

世界上，管理自己是最难的事，能把自己管理好，几乎就可以所向披靡了。

在教授眼里，谦虚好学，细心谨慎的小美就是这样一支潜力股。

贵人不宜求，但是三人行必有我师，只要你的执着打动了别人，或许就能吸引来贵人相帮。

5. 自律是世界上最好的药

　　我的小区住着一对小夫妻，两个人的感情非常好，我上班下班常看见他们挽着手出行，有时候在小区的亭子里，有时候在小区的小路上，有时候两个人踩着一辆脚踏车在小区附近的公园里面一圈圈地骑，收割着众人羡慕的目光。

　　我和老公结婚已经七年，正是婚姻魔咒的七年之痒期，几乎隔上一段时间就要上演一次婚姻大战，所以对小夫妻俩的恩爱艳羡不已。小区里的其他人差不多也是这样，大家看他们的目光都是一脸羡慕。小夫妻俩每天高高兴兴地进进出出，洋溢着满满的幸福。尤其是小妻子，更是把这份幸福写在了脸上，好像丈夫给了她全部的宠爱，足以让她温暖一生。

　　可能老天嫉妒花好月圆吧，大约一年之后这对小夫妻竟然离婚了，离婚的原因是丈夫喜欢上了单位里的一个女同事，之后向妻子摊牌，希望妻子成全他们。因为知道自己是过错方，男方提出把房子、车子都给妻子，自己净身出户。由捧在手心里的公主变成了"弃妇"，妻子的脸上再也不见了阳光，每天阴沉沉地，在她身边走过都能感受到压抑和伤心。没有多久妻子就从我们小区离开了。离开并不等于搬走，她请我们帮她照看下房子，她要出去散散心。我们太理解她的心情了，临走的时候大家都告诉她真正的白马王子在前面等着呢，离开的其实就是不属于你的，别太把这件事放在心上。

她走了我们都在心里为她不平，也不人道地断定，她走出这个心理阴影一定会很久，因为对于一个女子来说，被心爱的人背叛几乎是一辈子都没有办法平复的伤痛。

我们以为她不一定会回来了，因为这里有他们太多的美好回忆，某一个画面都能击中她心底最柔软的部分。谁知道我们都猜错了，她离开一周之后就回来了，第一个敲开我的房门："雪雪，听说你每天早上和晚上都要出去跑步，我能和你一起去吗？"

我听了一下子愣在了那里，不明白这画风为什么变化得这样快。以前她从来没向我打听过跑步的事，记得有一次春天，路边的花都开了，非常热闹，我邀请她和我一起跑步赏花，她把头摆得拨浪鼓一样："我才不和你们跑步呢，外面大太阳晒着，哪有我们坐在家里看电视舒服啊！"说完还冲她老公撒娇地一噘嘴，气得我之后再也没找过她。

这次出了这样大的事，竟然有心思跑步，看来现在女孩的心思可真是越来越难猜了。不过出于礼貌，我还是没有拒绝她，并且告诉了她时间和集合地点。那天跑步的场面有些尴尬，我本来就是一个话少的人，我们之前也没有太多的交集，她又刚经历了背叛的伤痛，实在是找不着谈论的话题，所以一路下来跑得索然无味。我以为这样无趣，第二天她不会参加了呢，谁知道在家门口分别的时候，她告诉我明天她还想去跑，让我出门的时候等等她。接下来的一个月，我们就成了跑友，早上一起出门跑上几圈，晚上还是一起出门跑上几圈。

有一次我实在忍不住，问她："你怎么想起跑步来了呢？记得以前你可是最不愿意跑步的。"她听了哈哈一笑："以前不愿意跑，不代表现在不能跑呀，都说跑步可以锻炼人的意志，还可以疗伤，我今年就要试一下。"看她志在必得的样子，我实在不忍心告诉她，跑步减肥对于许多人来说都是不切实际的空谈，跑步能疗伤，这个说法真是让人好笑。

不过考虑到她的事情，我没好意思打断她，只是说以后自己跑步的时候一定会叫上她，人家都是文友、笔友、朋友嘛，我们是跑友。

我是一个意志不太强的人，遇到这样那样的事情，就会打退堂鼓，所以我虽然顶着一个早晚要出门跑步的幌子，但是真正做到天天跑的时候不多，更多的时候是三天打鱼两天晒网。没几天我就因为辅导孩子写作业而弃跑了，她却风雨无阻地一直坚持着。有好几次天色阴沉，看样子马上就要下雨了，她还是走出去跑两圈。有一天我实在按捺不住自己的心疼，旁敲侧击地问她是不是心里痛，在用近乎变态的方式惩罚自己？她听了，重重地看了我一眼："你怎么会这样想呢，根本不是这样子的，说实在的吧，这件事情对我的打击是很大，我有点接受不了，闲下来的时候，脑子里想着的总是我们在一起的点滴，我不想让自己这样沉沦下去才跑步的，根本不是惩罚自己，是在拯救自己。"

听着听着，我在心里为她鼓起掌来。惩罚和拯救，意义相差天地，一个向下沉沦，一个向上生长。我突然对她产生了莫名其妙的敬意，并有一种直觉，用不了多久，她就会忘掉那些雾霾和阴影，重新站起来，因为她有一颗强大的心。

果不其然，几个月之后，她兴奋地跑来告诉我，她已经成功跳槽到一家向往已久的大公司了，也已经完全从丈夫背叛的阴影里走了出来。通过她笑意盈盈的脸，我见识了自律的强大。

世界上最好的救赎是自己拯救自己，先让自己有规律的生活，再向目标进发，才会活得有声色。沉沦和振作只在一念之间，消沉和自律却有着天壤之别。

第 五 章

你对自己有多狠，生活就对你有多好

　　生活中最让我们沮丧和痛苦的，往往不是什么了不起的大事，而是减不了肥，起不了床，放不下手机这样微乎其微的小事。这样的小事也会让你愁肠百结，忧心忡忡。你渴望生活给你一束光，摆脱这些琐碎，可是它们就是如影随形，蛮横地掺和你的生活。

　　这些烦恼存在的根源是你太爱自己，爱到舍不得对自己动粗，舍不得伤害，狠不下心来。不忍心的后果是你自责，难过到无能为力，现状却没有丝毫改变。"快刀斩乱麻"说得有些"血腥"，可是面对这些摆脱不了的"纠缠"，自律无非是最有效的办法，你对自己有多狠，最后生活就会对你有多好。

1. 你和自律达人间差的仅仅是坚持

闺蜜小周减肥失败了，撅着嘴向我大倒苦水："你说这肉长到身上，想要掉下去怎么就这么难？我减肥药也吃了，瑜伽也练了，这肉肉怎么就像赖上我一样不往下掉啊？"

我太理解这身肉给她带来的痛苦了。她几乎都要被这一身肉折磨得怀疑人生了。到商场试衣服，明明相中一件款式也喜欢，价格也合适的衣服，还没等拿下来试一下，导购小姐就走过来微笑着说："小姐，这款没有你穿的码，再选一件其他的吧！"冬天吃一锅热腾腾的火锅多么惬意，可是拉着男朋友的手往火锅店方向一走，男朋友的眼睛就先伸出两道闪电："你怎么还敢吃火锅，真想当个胖姐啊？"

自然还有许多让人想起来就难受的往事，总之，这身肉不仅让她远离美食，远离美衣，还让她远离自拍和朋友圈。人家的朋友圈晒个旅游照，晒个聚会照，她的照片一晒上来只是一张肉脸。

减肥是她一直喊着的口号。不仅喊，还有行动，喝减肥茶，吃减肥药，不吃晚餐，跑步健身。可是方法试了千百个，那身肉还是亲亲热热地贴在她的身上，让她不止一次向我发出感慨：想减肥太难了。

减肥难吗？看小周痛苦又心碎的样子，貌似真的很难，可是我们身边依旧有人成功地把自己从一个油腻中年瘦成了一道闪电。所以，不是减肥有多难，而是你有没有决心把肉肉减下去。

我的合租姐妹徐姐，很多年前也深受油腻之苦。有一次我们一起逛街，她相中了一件优雅的旗袍，兴冲冲地穿上，发现不仅不优雅，一身肥硕的肉还被勒成了好几道游泳圈，要多难看有多难看。她看了看旗袍，又捏着厚厚的肉恨恨地对我说："我一定要把这些肉减下去！"说完拎着旗袍到收银台买单。回到家的时候，第一件事就是把旗袍挂在了墙上，第二件事就是扑到电脑跟前搜索减肥方法，经过再三斟酌，她选中了运动减肥之中的跑步减肥。

她向我宣布这个决定的时候，我给了她一个大大的白眼："减肥是一个大工程，你跑到什么年月才能减肥成功，要是跑步减肥好用，谁还用买减肥药啊！"她没理会我的揶揄，在纸上写着自己的跑步计划：每天清晨六点起床，跑步一千米。

看着计划我在心里狂笑，定计划容易，谁真能逃得过温暖的被窝？可是接下来的事情大跌我的眼镜，每天早上六点她准时走出家门，我起床洗漱时，她已经跑完回来了。有好几次她回来大喘着粗气："今天风太大了，我差点没让风吹跑了！"

"风大就回来呗，"我打趣道"一天又长不了多少肉！"

"那怎么行？"她声色俱厉道，"跑步减肥本来就是考验时间的，三天打鱼两天晒网，前面功夫就白费了！"我还不死心，继续糖衣炮弹："那你这样也太辛苦了！""傻子，世上哪有一件事是不辛苦的，"她指了指墙上那件旗袍，"只要我能把它穿在身上，一切都值了！"

不知是和我"斗气"还是太想早日穿那件旗袍，不久后我发现她不仅早上出去跑步，晚上也会出去跑，有两次小区的路灯坏了，她竟然捏着手电出去。一年之后，她顺利地把自己装在了那件旗袍里。

这或许就叫功夫不负有心人吧。

作为她由杨贵妃变成闪电的见证人，为了庆祝她减肥成功，达成所愿，晚上我提出请她出去吃大餐。餐桌上我要给她点她平常爱吃的红烧排骨、雪衣豆沙，她阻止了我："我刚刚瘦下来，可不想马上吃回去"。她说这话我才知道，为了减肥，她不仅坚持跑了一年的步，还改变了自己的饮食习惯，那些肉啊、蛋啊，高热量、高卡路里的食品早已经被她请出了自己的饮食清单。

是的，世上没有一件事情是容易做到的，特别是坚持，坚持十年如一日。

而那些成大事者，没有一个不把坚持写在自己的日程上。

小周和徐姐，一个还是深受减肥之扰，一个已经成功地甩掉了一身肥肉，差的就是坚持。

小周刚减肥时，也和徐姐一样四处搜罗减肥方法，可是她有一个最大的毛病，干什么都没有常性。减肥药吃了两天嚷嚷着对身体不好不用了；跑步跑了两天，不是风大就是肚子疼，没有几天就缴械投降了；最后不得不采用不被推崇的节食减肥，结果没过几天就抵制不了美味珍馐的诱惑。于是，她天天抱怨自己一身肥肉，又天天给自己增加肥肉。减肥大业在她这里像打江山一样艰巨。

而徐姐对自己狠，认准的事持之以恒地去执行，身上的肉肉都会被她执着的信念吓跑的。

有时候，我们与自律达人间差的真的仅仅是坚持二字。

几年前我荣幸地被一个写作培训班聘做培训讲师。学员除了几个大学生之外，多数都是怀揣文学梦的中年人。培训班要求每节课都有作业，开始的时候，每节课能收到四五十份作业，到后来只能收到十几份作业，而交作业的只是那十几个人，不用说，在这场追逐梦想的游戏中，其他人没有坚持住，掉队了。都是中年人，有家、有孩子、有事业，这样那样的原因坚持不下来可以理解。可是，两年后那些坚持下来的十几个人，有的出版了好几本书，有的成了平台签约写手，有的有电影剧本投拍。仅仅是两年的时间，把一个起跑线上的若干人分成了两个阵营。不说胜负，坚持的力量可是显示了出来。

和一个很著名的主持人朋友聊天，他讲起他学播音主持时候的故事。

他是南方人，从小在乡下长大，不仅不会说普通话，而且还有着浓重的口音。可是他就是喜欢电视上那些舌灿莲花的主持人，小时候就梦想自己有一天也能站在光彩夺目的舞台上。后来他通过自己的努力终于考上了省里的一家影视学院。他本以为上了这所大学就能成为梦寐以求的主持人了。可是现实总是没有想象美好，他不仅没有马上成为一个主持人，还因为不标准的普通话和浓重的口音被同学们嘲笑。这些嘲笑让他都不好意思在课堂上发言。但是学播音主持专业不说话怎么能行呢？他可不想打道回府成为逃兵。当时他们学校的后面有一片小树林，平时很少有人去。他发现之后每天早上和晚上都偷偷溜过去在小树林里面练习。周末时他会在里面练上大半天。感觉自己的口音进步些后，他便鼓起勇气和普通话说得好的同学交谈。但事情远没有像他想的那样好，他一张嘴还是受到了同学的讥笑。那种感觉真的就像凤凰涅槃，痛，很痛，痛得他都想永远不开口说话了，也想着退学。但是他后来还是坚持了下来。开始的时候同学还会笑他，但是看着他认真的劲就都不好意思笑他了，还尽心地帮他纠正口音，让他的进步飞速。大三那年他成功地夺下了系演讲冠军，从此一发不可收拾地走到了今天。

我们有时候努力了，却看不到自己的起色，很多时候是因为我们没有坚持下来。坚持是世上最公平的砝码，你对它执着，它就回馈你成效。坚持写作练笔，就有成为畅销书作家的概率；坚持健身，你就能拥有马甲线；坚持读书，就会遇到不一样的自己。依此类推，认准目标坚持下去，总有一天会过上你喜欢的生活。不是努力没有用，是我们付出的努力不够。

2. 一万小时定律不是说说那样容易

上周，我参加了一个大咖见面会。会上主办方请大咖分享一下自己的奋斗故事，成功这条路真的有多个版本的。尤其是行业大咖，他们的成功史都是一部励志电影。

我们以为大咖一定会讲自己的奋斗经历，谁知道大咖静止了几分钟，问了我们一个问题："你们听说过一万小时定律吗？"

大家听了一阵哗然："真拿我们当小孩子吗？一万小时定律谁没听过，这个理论是作家格拉德威尔在《异类》一书中提出来的，他说人们眼中的天才之所以卓越非凡，并非天资超人，而是付出了持续不断的努力，一万小时锻炼是任何人从平凡变成世界级大师的必要条件，要成为某个领域的专家，都要经过一万小时的打磨。"

大师没理会大家的不满，继续他的发言："其实，一万小时说起来容易，做起来，还是有些难度的。"说完问大家想不想听听他的故事。

答案自然是想听。大家用掌声回答了大师，大师讲起了他的故事。

大师在小学和中学的时候，数学成绩烂得一塌糊涂，一科成绩能影响所有成绩，他开始变得不爱学习，每天浑浑噩噩不知道该干些什么，妈妈实在看不下去，把他送到一个朋友那里进行辅导。朋友是一个高中的数学老师，业余时间喜欢弹吉他。他一下子就喜欢上了老师的吉他，缠着老师教他。老师是一个很豁达的人，看见他真的喜欢，每天辅导完功课会教他一小会，没想到他学得非常认真，最后从老师家离开的时候，成绩提高得不太多，但是吉他却弹得非常好了。老师对他的妈妈说，这个孩子有音乐天赋，不然你就送他去学音乐吧，与其填鸭式地给他灌输他不喜欢的功课，让他不快乐，不如让他快快乐乐地做自己喜欢的事。

　　听了老师的建议，妈妈并没有马上给他买吉他，而是问他是不是能坚持下去，并告诉他如果半途而废的话，以后什么条件都不会答应他。为了得到梦想的吉他，他告诉妈妈自己能坚持下去，那时候他已经听说了一万小时定律，信誓旦旦地告诉妈妈，自己一定坚持一万小时，并且还会把弹吉他作为自己的事业，当著名的歌手和音乐人。

　　妈妈虽然没太把他的话放在心里，不过看见他斗志满满，不像要打退堂鼓的样子，就给他买回了一把吉他。

　　捧着心爱的吉他，他告诉自己这次一定要坚持下去，每天练习，将来做一个著名的摇滚歌手，带着吉他去流浪的日子想想也是超爽的。他也真像说的那样做了，每天起早贪黑地练，一有时间就练习，可是一个孩子，对一件事情的兴奋程度都是点到为止的。没多久，他就有些懈怠了，别说弹，就是碰都不想碰吉他一下。妈妈发现他又要半途而废的时候非常生气，厉声质问他当初所说的话算不算数，还是不是男子汉了？妈妈生气地下了死命令，每天都要练习一小时，不然不仅没收吉他，以后什么条件也不会答应他。一小时听起来真不多，又想到如果不同意，以后再也得不到心爱的东西，他只好答应了。妈妈怕他再次反悔，也为了监督他，用一大张纸做了一个很大的表格贴在墙上，并且嘱咐他每天练习都要"打卡"。纸贴上那天，他非常兴奋，没用妈妈催促就去练习，可是不久之后又打起了退堂鼓，练习得断断续续。到年底的时候，标注的记号星星点点。他自然没得到妈妈的奖励。妈妈当时气坏了，不仅没收了他的吉他，还兑现承诺，向家里的人下了"通牒"，他提出的什么要求也不要答应和满足，要给他教训，让他知道做事情有始无终的后果。

整整一年，他不仅没有碰过吉他，其他的什么活动也没有去参加过，自己心里委屈得不得了。后来他向妈妈承认了错误，换回了吉他。妈妈好像在这件事上也看到了自己教育的问题，不再逼迫他练习，只是告诉他，喜欢什么就要坚持下去，业精于勤，想把什么做到极致，就要付出汗水和努力，如果空有美好的愿望，不去行动，什么都是空想。

那时候他已经上了高中，懂得了一些道理，牢牢记住了妈妈的话。他当时的成绩并不理想，自己还只有弹吉他这一个爱好，他决定把这个爱好当成事业来做，和妈妈商议上了音乐学院，专攻吉他和流行音乐。

他们家不是一个富有的家庭，音乐学院的费用很高，为了给他凑学费，妈妈把自己珍藏多年的手镯拿到店里当了。妈妈当手镯的时候是带着他去的，看着妈妈小心翼翼地把手镯拿出来又恋恋不舍回头看的样子，他难过得想哭，发誓一定要好好学习，将来赚好多钱给妈妈买更好看的手镯。为了让自己"长记性",不犯遇到困难就回头的老毛病,他不仅认真学习,还买了一个日记本,记上自己的学习心得,并天真地把自己的练习时间都记在上面,那时候他早已经听说过一万小时定律,相信自己深钻一万个小时,一定会功成名就。

"然而,"大师顿了顿说,"这一万小时真的太难了,我现在也没有达到!不过欣慰的是,我虽然没有达到一万个小时,但是我已经靠着音乐让自己和家人过上了幸福的生活。"最后,大师说:"我请你们记住,一万个小时,真的不是说说那样容易的,台上一分钟,台下十年功。"

是啊,一万小时哪有说说那样容易。有个匈牙利心理学家经过统计计算,每天练三小时,完成一万小时需要十年时间,但这只是达到世界水平的最低要求,要达到更高的水平,则需要更多的时间。而我们是普通人,一万小时定律不太适合我们,但是一万小时背后的真相却适合我们,找到目标,并有意识地进行训练,都会取得成绩。标准明显降低了一大截,但是能达到的还是不多。不是因为耐不住寂寞,是因为见不得失败,所以选择了放弃。经常听到一句话:成功的路上并不拥挤,因为坚持下来的人不多。但是坚持下来的人都成了"神"。

世界首富比尔·盖茨的故事完全印证了"一万小时定律"。比尔·盖茨在大学二年级从哈佛大学退学并决定创立自己的软件公司之前,就因为种种机遇和自己的努力,长期得到免费用电脑的机会,之后无间断地编写了七年的程序,积累的时间远远超过了一万小时。

我认识一个讲师，就是用了三年的时间把自己从一个英语小白修炼成一个英语高手的。她当时在一家小公司做策划，觉得没有多少前途，就想学一项其他的技能，以便于以后的发展。大学的时候她就知道有不少人都因为会说一口流利的英语进了大公司，所以决定也开始学英语。

　　她自然也听过一万小时定律，知道要学会一项技能必须持之以恒。就给自己制订了一个学英语的计划，每天早晨起床学两个小时英语，每天晚上睡觉前再对白天学的英语进行复习，把没有掌握的弄通弄懂，顺便制订第二天早上的学习内容，这大约需要一个小时的时间吧。

　　为了保证自己学习的时间充分，她把早上起床的时间做了调整。以前早晨七点起床，现在把闹钟定到了五点。整整多出两个小时的时间，足够让她把一篇英语文章读得流畅。

　　一万小时听起来很漫长，一万小时定律这个任务听起来很艰巨，但是只要你行动起来，就没有抵达不了的彼岸。

3. 死磕的人最好命

一年前我给一家杂志写稿子，和我一起写稿的还有多年前在一家写作培训班认识的一位文友。这家杂志是一家婚姻情感杂志，用婚姻情感类的小稿子和纪实类的大稿子。两种稿子写作手法和难易程度不一样，稿费也天上地下，小稿子千字三百，大稿子一篇三千。

我们都是初涉写作的小虾米，虽然觉得小稿子的稿费有一点少，但是相对好写些，都写这一类的稿件。可是不长时间，她敲开了我的 QQ 小窗："亲爱的，咱们也写写大稿子吧，你看一篇的稿费抵得上我们好几篇呢！"隔着屏幕我敲过几个摇头的表情，之后告诉她，不是我不愿意挑战，是那个纪实稿件太难写。

纪实稿件真的很难写，说它是稿件领域里面的山峰也不为过，需要报选题，需要采访，写成作品还需要当事人过目签字，不可以任何虚构和杜撰，这对于我们困在工作和生活两大旋涡里的职场女性来说，真的是要多难有多难。而且发稿一样很难，有很多顶尖的纪实高手盯着这块肥肉，砸稿子和你竞争，胜算的把握怎么算怎不大，而小稿子耗费的时间和精力要相对小得多，舍熟取生怎么想都不划算。我告诉她我可不愿意做费力不讨巧的事。

她发过来一个遗憾的表情，告诉我不管怎么样她都想试试。

我以为她也只是说说，因为利害在那里摆着呢，谁也不是傻子。可是谁知道接下来的事情大出我所料，她居然真的去写纪实了，三个月后我在这家杂志的纪实专栏里看见了她的名字，之后接二连三地在纪实专栏上看到她的名字，不仅这一家杂志，许多家纪实杂志都能见到她的身影，她俨然成了纪实的收割机。更要命的是她采写的人物全是高大上的，有第一女飞行员，有救人的英雄，还有新晋的流量小花，新生代导演，编剧，一个比一个高大上，一个弱女子能采访到大人物，我实在想不出这个小女子身上积攒了什么不可预知的能量。

她成了我的高山，让我叹为观止。

有一天我实在耐不住好奇了，敲开她的小窗："你好厉害，真是一发不可收拾啊，说说经验呗，你是怎样采访到那些大人物的？"她在那边发过来一张笑脸，"经验就是死磕，你想不到吧，我都采访到易烊千玺的经纪人了，想方设法找到对方的联系方式，之后死磕，一次又一次的软磨硬泡。"她说世上哪有什么捷径和灵丹妙法，所有成功的人士，基本采用的都是笨方法。如果真的要找捷径，死磕真的算是唯一的一条捷径。

敲完这一段长长的字，她用语音给我发过来她的故事。

她小时候住在乡下，到读中学的时候才到市里。因为乡下的教学条件和师资力量都相对落后，她的英语成绩非常糟糕，拉低了整体的分数，成了班级里垫底的一个。这让生性好强的她很伤心，也很生气，她发现是自己的英语成绩拉了分后，便和英语死磕，不仅随时带着一本单词书，放学的路上和睡觉前耳朵里必塞上耳机听课程同步英语。而且她对自己还有一个更严苛的要求，把每一篇课文背下来。

读句子都读不下来，还背课文，想想都让人心里发怵。她说背不下来就抄写，抄写之后再背诵，居然真的把一本英语课本都死磕下来了，英语成绩一下子上升了一大截。

看到了成功的喜悦，她学习的兴趣更足了。不过她发现一个问题，英语单词依旧是自己的难关，自己掌握的词汇量太少了，虽然把课文背了下来，但是英语的阅读理解里面的单词都不认识，也丢许多分。她开始死磕英语单词。为此她专门准备了一个小本子，把遇到的生词都记下来，有空的时候就拿出来看。她还给自己定下一个死规定，阅读理解遇到的新单词都要抄下来，弄明白，为了让自己的英语早日精进，她还听从老师的建议买了一本英语原版书。

她的英语水平读连贯的英语句子都费力，读英语原版书的难度可想而知。为了啃下这本书，她又随身带了一本字典，边看边翻边记。那本书有六百页，她看了整整两个学期。不过这本书啃下来后她发现英语考试的阅读理解对她来说实在是小意思了。

因为英语的词汇量大，中考的时候她的英语几乎考了满分，成了学校历届英语成绩最高纪录的创造者。

也就是从那时候起，她尝到了死磕的好处，之后遇到什么都会死磕下去。这次学着写纪实也是如此。她看中了纪实的高稿费，同时更看中了纪实的挑战性，所以才决定写纪实的。原来想拉一个人作伴，没想到我还没开始就打了退堂鼓，她只好一个人孤军作战。

自然，采访也不是想象的那样顺利，刚开始没有名气，人家根本都不搭理她，还有的人把她当成骗子，不仅不同意接受采访，还掏出电话要报警，吓得她落荒而逃。而采访当事人几乎没有一次顺利的，每个都需要软磨硬泡，求爷爷告奶奶地央求，才同意采访。写稿子是采访后又一个难关，一遍遍的调整角度，一遍遍的构思结构，一遍遍的整理修改。她说写每篇稿子真的有扒层皮的感觉，写着的时候总是想，这是最后一篇了，再也不写了。谁知道遇到合适的题材，又按捺不住自己的小心脏出发了。

最后她说，感觉自己真的有受虐的潜质，总是让自己痛不欲生而后快。不过死磕之后带给她的成就感让她觉得自己做的都是值得的。

她这句话我是高度赞同的：而且死磕的人很好命。她告诉我自己已经被一家杂志社特聘为签约记者了，而且去年还被该杂志评为优秀作者。

听到这个消息，我的心狠狠地为她高兴一把，死磕的人最好命，老天总是眷顾勤奋而执着的人，她这样勤奋又执着，得到什么奖赏都是应该的。

赵丽颖可以算得上是影视圈里面最死磕的一个明星了。她刚出道的时候，因为长着一张胖胖的圆脸，不被人看好，可她不信圆脸不能演主角的魔咒，认真地演好每一场戏，每一个镜头。她成了演艺圈有名的拼命三娘。

工作中，她唯一的压力来自于"如何把戏演好"，也因此被人称为"戏疯子"。

就是这个"戏疯子"，早些年在《还珠格格之燕儿翩翩飞》时，就凭借扮相甜美清纯的晴格格圈粉无数。《陆贞传奇》《杉杉来了》

让更多人注意到了这个圆圆脸的女演员。

紧接着在爱奇艺上热播的《花千骨》创下了当年的收视神话，网播破 200 亿。赵丽颖凭借这部剧直接入围了 2016 年白玉兰视后，和赵薇、孙俪众大咖一较高下。

之后，她的戏路越走越宽。《老九门》里出演敢爱敢恨的尹新月，和陈伟霆你侬我侬撒狗粮，一路创下了爱奇艺网剧网络点播量的新高。

真可谓不疯不成魔。

而我崇拜的一个听书主播，更是把这不疯不成魔的精神发挥到极致。

因为喜欢听和看悬疑小说，他在喜马拉雅听书平台开了一个账号做平台主播，播讲悬疑小说。有一个小说讲的是一个声音嘶哑的人的回忆录，他觉得用嘶哑的声音播出才能达到那种效果，于是每天播讲前都要声嘶力竭地唱一个小时的歌，把嗓子唱哑再播讲。而每次上传的音频，他都要反复收听修改好几遍。有时候三分钟的音频要录上六个小时，什么时候他听着舒服了，感觉满意了才上传。

有一年夏天，他为了保证一部小说的录音效果，一夏天没开窗户。家里人以为他出了毛病，险些把他送到医院。因为这种死磕，他成了喜马拉雅最受欢迎的悬疑主播，粉丝已经有六十多万，赚的钱就更不用说了，早已经月入过 10 万元了。

而他仅仅是一个初中毕业生，刚做主播的时候，在一个小镇子上。没做主播的时候，家里的亲戚劝他找一个修车的师傅带着学学手艺，以便以后能养家糊口。

在一次采访中他说，当时我知道，如果我不努力点，就要走亲戚说的路，在这个小镇子上窝着过一生了，所以我告诉自己必须做好，做到极致，做出来才能遇到自己的一片天。

以前总听人说打天下，打天下，死磕的人何尝不是用这种死磕的精神为自己打一片天下。

而且，真打下了一片天下。

经常听见有的人在抱怨老天不公平，给了许多人很好的命运和机会，可是你有没有想过老天爷为什么不公平，不公平在哪里？你总是羡慕嫉妒恨地看那些成功的人，有没有想过自己和他们的差距？

4. 对自己狠点儿，自律没有那样难

现在大家都在谈自律。一谈到自律第一个涌上来的感觉就是好难，因为几乎每一项自律的项目都需要实践的考验。而世上最难做的一件事就是坚持。然而，自律真的那样难吗？

在单位实习的时候，认识一个学姐，特别自律。而且她有一个非常有意思的习惯，每天早上起床都要坐在书桌前练半小时的毛笔字，雷打不动，要是有什么特殊情况让她没练成字，一天都会不舒服。有一天我们宿舍修补墙面，宿管早早就把我们从床上叫起来，赶出了宿舍，她一脸不高兴，甚至不开心地都要哭出来了。让我们都觉得异常的奇怪，不写字多好啊，还有写不了字哭鼻子的人，真是世界之大，无奇不有啊。

我们自然没人跑过去问她为什么早上写不上字会哭，但是也是非常好奇的，后来还是从她一个好朋友嘴里知道了答案。原来她的爸爸是一个中学老师，非常注重写字和传统文化，她上小学的时候，每天五点半就把她从床上揪起来练字，先是写汉语拼音和简单的字，再大些就写毛笔字。为了让她好好练，爸爸坐在书桌前和她一起练，没想到一写竟然写了将近十年，以至于她现在早起写一阵字像我们起床之后洗脸刷牙一样，都成了习惯，写不上就非常不舒服。"不是矫情，是真的不舒服！"她好朋友说完，特意加了一句。

当时加上的这句话，让我们笑了好一阵子，不过现在回过头来想想，一点也没有浮夸。当自律成为习惯的时候，就已经融入了自己的血液，不做真的会很不舒服，无所适从。

同事给我讲了一个她妹妹的故事。她妹妹学习成绩不算太好，在班级里也就能排一个中等生吧。她们家的条件也不是太好，当时妹妹读高中二年级，家里就考虑着妹妹毕业后安排她相亲，成绩不好的女孩子，念不念书未来都差不多，而且当地有些重男轻女，对女孩子都不算太重视。

本来家里商量这个事情的时候是瞒着妹妹的，不知道怎么被妹妹知道了，找到爸爸妈妈，质问他们为什么就这么想让她嫁出去。爸爸妈妈看她这样子很吃惊，没好气地来了一句："就你那点成绩也考不上大学，不嫁人你想干什么啊！"妹妹听了脾气一下子就上来了，问爸爸妈妈是不是自己考上大学就不用相亲了。"那当然了。"爸爸回答妹妹。其实爸爸回答完在心里也是笑着的，妹妹的那点成绩爸爸太知道了，别说考个好大学，就是三本大学都够呛能考上，爸爸这样回答她，也就是哄着她把事情压一压。

可是妹妹却没有这样想，她把考上好大学当成了一个目标，不仅写在纸上，贴在墙上，还做了一个倒计时牌，开始为梦想冲刺。

一转眼就到了高三寒假，妹妹虽然劲头大，但是起色却不大，妹妹又爱玩，经常有同学过来找妹妹，同学一找，妹妹就按捺不住自己的心出去了，回来的时候功课就落下一大截，让妹妹自责又难过，可是她还有点儿管不住自己，同学来了的时候，就放下书本跑出去，让她既心疼又着急。有一天她拦住了妹妹告诉她别忘了和爸爸的赌约，应该抓紧时间学习了。这句话好像当头棒喝，一下子把妹妹打清醒了，竟然跑到理发店把头发都剃光了，之后每天闷在屋子里复习。功夫不负有心人，高考时妹妹考上了一所外省的大学，不仅摆脱了爸爸给提早相亲的命运，也摆脱了在农村的命运。

同事说这个故事的时候，说了一句意味深长的评语："我发现所有想干点什么的人，真的都是狠角色。"

她这一句话说在我的心坎上了。经常听到一句话叫"狠下心来"，只要你狠下心来，真正想做，没有什么事情是办不成的。

日本有一部励志电影《垫底辣妹》，电影的女主人公就是和同事的妹妹情形差不多的一个女孩子，学习成绩不好，是学校里面的一个小辣妹。因为家里的人都瞧不起她，尤其是她的爸爸，不仅不喜欢她，还扬言不提供她的学费和生活费。这让她非常恼火又非常难过，突然想考一个好一点的大学让爸爸后悔他的言行。说出来挺励志、挺振奋的，可是她的成绩一直是班里面垫底的，很多知识根本都听不懂，想考上大学简直是比登天都难。不过她没有气馁，不仅报名参加了一个课外辅导班，在家里也开启了恶补模式。她把书桌当床，睁开眼睛和闭上眼睛前，眼睛都盯在书本上，吃饭的时候嘴里总是念念有词，房间的墙壁上、门上，甚至地板上，都写满了密密麻麻的英语单词，砖头一样的参考书和习题一摞摞地堆在书桌上。她整个人真的好像生活在了炼狱和题海中一样，结果是美好的，经过炼狱般的演练，她考上了日本著名的京都大学，成了全家人的骄傲。

电影的主人公和同事妹妹的故事足以证明一件事情，世界上根本没有能不能做的事，就看你能不能狠下心来。如果狠下心来，世上真的没有什么难事。生活中的大多数美好光芒，靠的都是坚持，如果放弃太早，你永远也不知道会错过什么！

我做第一份工作的时候22岁，半年之后迎来了人生第一次失业。那时候我一个人在一座陌生的城市里。失业了也不好意思告诉家人，每天在大街上找工作，舍不得坐公交车，来来回回都是步行，一个月掉了七斤，兜里的钱越花越少。还好，老天爱笨小孩，在我兜里只剩下五元钱的时候，我找到了一份在餐厅做服务员的工作，工资自然不高，五百块，不过可以提供吃住，对我来说也是一种福利。可是我马上就遇到了尴尬，一次给客人点菜，客人明明点的是韭菜炒鸡蛋，我写成了韭黄炒鸡蛋。虽然一字之差，价格却差了十几块，结账的时候，客人说什么都不掏这道菜的餐费，害怕闹到老板那里丢了饭碗，我只好忍气吞声地掏钱买了这道菜的单。纸里终究包不住火，还没到下班老板就知道了这件事，看在我把事情解决的份上，他没有辞退我，只是作为处罚，要从我当月的工资里扣除一百元钱。原本就没有钱，这个处罚的命令可谓是雪上加霜了，我心疼得好久没睡好觉，痛定思痛地疯狂背菜谱。

这个酒店的菜谱和别的店里的不一样，别的店里记住菜的名称和价格就好了。我们店里每一道菜都有专门的序号，我之所以点错菜就是记错了序号。为了清楚记住上千道菜的序号，我拿出了上学时候背英语单词的劲头，不仅上班的时候抽空背，还把菜谱抄下来，下班的时候，上厕所的时候，甚至洗漱的时候都背，有一次我第二天早上醒来同事们笑着让我猜猜我说了什么梦话，我惊讶地问不会是背菜谱呢吧？她们说是，不止一天听见我做梦背菜谱了。是的，我每天睡觉前都要背一阵，很多时候都是背着菜谱睡着的。

结果功夫不负有心人，不到半个月的时间三千道菜谱序号全被我记住了。经理说我是记住菜谱最快的员工。现在有时候想起来还会怀念那时候的狠劲，正是这股狠劲让我成长的。

世上真没有什么做不成的事，只看你想不想做，敢不敢做，舍不舍得让自己去做。

5. 想自律，一定要收起玻璃心

　　坚持是世界上最难的事。而坚持到底有多难，相信大家都有发言权，制订了跑步计划，可是刚跑了两天，天有不测风云，刮起了风，还下了小雨，于是跑步计划不得不取消；说好了晚餐少吃一点减肥，没实施几天身体就跟着捣乱，先是胃空落落的不舒服，接着浑身像被抽了筋骨没力气，然后医生和家人一再建议还是不要自虐，减不了肥能怎么样，身体好比什么都强，于是减肥计划无疾而终……

　　前阵子一个读者就和我抱怨坚持如何难。她有一个儿子读初中，成绩不是一般的糟，考试几乎没有及格过。她心急地找老师讨主意，老师告诉她孩子不是不聪明，就是不努力，找不到学习的动力。现在都是独生子女，条件优厚，用物质条件激发他们的学习斗志已经是不可能的了，所以在学习上，最好给他找一个对手或者战友，才能激发起孩子的学习热情来。老师的这个建议，让她犯了好一阵难，她亲戚中没有学习特别优秀的孩子，儿子对成绩和名次也不感冒，班级里成绩好的孩子成不了他学习的路标，别说找个对手，就是找个同路人都非常难。

老师看出了她的为难，对她说如果她有时间的话可以做孩子的学伴，和孩子一起学，孩子可能会有些动力。听了这个建议，她非常兴奋，一是因为她一直有一个读书梦，对读书特别喜爱，属于那种没读够书的孩子；二是她还有一个不错过孩子每一处成长的想法，认为作为孩子的妈妈，参与到孩子成长的每一个环节才对得起"妈妈"两个字。而且孩子就是他们家的希望和太阳，总不能眼睁睁地看着太阳沉沦吧！她马上到书店买了相应的辅导资料，又做了精细的辅导计划，只等孩子回来开始实施。

孩子听说她要和自己一起学习也很兴奋，缠着她问问题，给她讲题，遇到有争议的问题还争论一番，学习热情果真被调动了起来。不过他们的美好互助学习模式只维持了一个星期，她便打起了退堂鼓。原因是她太累了。她在一家小企业上班，属于那种钱少活多离家远的企业，很多工作需要加班做。为了回家陪孩子学习，她把工作拿到家里来做，开始还好，孩子休息的时候她可以工作一下，后来也不知道是年岁大了还是怎么回事，孩子学习的时候她就已经哈欠连天了，等孩子洗洗睡了，她也感觉到周身疲惫，但是没做完的工作像一座山压着她，她只好咬牙撑着。

如此撑了几天，她实在撑不下去了，跑到我的公众号里面留言，问我坚持一件事怎么会这样难。

是啊，坚持当然是一件很难的事，但是也没有失败者描述中的那样难。

我们家孩子小的时候，突然喜欢上了葫芦丝，总是缠着要学。当时正好是假期，虽然我也接了大大小小不少的活儿，但是还是陪着他去培训班报了名。

　　培训班离我们家不远，十几分钟的路程，我们说说笑笑走走就到了。所以开始的时候也没觉得有多难，可是好景不长，没到一个月，因为社区规划，培训班搬到了隔着两站地的小区。两站地说远不远，但是我们那里是郊区，交通不是很方便，两站地在我们那也相当于穿越半个城市那样。培训班里不少孩子都因为路远结束了课程，儿子却说什么也不舍得离开。可是问题马上就来了，我们这里没有车，天长日久打车去又太不划算，我权衡来权衡去，决定让孩子先不学了，以后附近有学习班再学。儿子却像被葫芦丝施了什么魔法，说什么也不同意，最后还信誓旦旦地说："有什么了不起的，不就是两站地吗？我走着过去！"

　　既然孩子都这样说了，我当然没有反对的理由，只好每天陪着他步行。

　　虽然平时也来来回回散步走过，但是我从来不知道那条路有那样长，儿子更是，还没走多久就哼哼唧唧地问我："妈，到底什么时候能到呢？"我也想快点到，但是路不是我说了算的啊，而且这也是他自己"自讨苦吃"。不过我是一个妈妈，这些话当然不能说，只好鼓励他加上骗他："我们再坚持一会儿，一会儿就到了。"为了让这个"一会儿"快点到，就给他讲故事，讲听来的故事，讲他小时候的故事，也记不清讲了第几个故事，终于看到了培训班的广告牌。

回去的时候，儿子提议打车。因为以后学习的日子多了，我不想开这个先例，所以没答应，给他买了一个冰激凌，又买了一袋爆米花，我们边走边吃，也不知道是回家心切，还是休息一下有了力量，感觉没用多长时间就到家了。

接下来的日子我们就走着去学习，因为害怕路上太赶，我们每次都提前出门，还带上足够的水，从远处看我们根本不像去学习班的，倒像是去郊游的。这样走着走着，有一天培训班的老师提醒我们交下个月的费用，我才惊醒，我们已经走了两个月了。两个月听起来不多，但是换算成天的话，有60来天，按单程一天10公里计算，也算是一个大工程量，尤其是对于平常不运动，走一公里都算是长途旅行的我来说也算是破纪录了。刚要走的时候我还在心里打鼓，不知道自己走到哪天就会大呼一声："我受不了了"呢，谁知道时间转瞬即逝，我居然走了60天，原来坚持一件事情也不是什么太难的事。

不是我们什么都做不好，也不是自律太难，是我们太心疼自己了。因为太心疼自己，该做的事情不去做，该完成的事情不去完成，久而久之就容易养成拖延的习惯，只要有一点点的不舒服就拖着不做。因为自己本身真的有点不舒服，所以明知道自己是在拖延，还有些心安理得。

我们单位里有一个老大姐从来不对自己妥协，有一天她发了高烧还抱着书本到班级里给孩子们上课。我们劝她回家休息一下，她说："我是发烧了，但是发烧和工作是两回事，我怎么能发烧了就不上班啊。"

是的，发烧和工作是两回事。胃不舒服和跑步是两回事，手指破了和写毕业论文也是两回事。但是我们有许多人经常把这些两回事当成一回事。发烧了就有理由不学习；订好了健身计划，身体有些不舒服就取消计划；手指破了，虽然毕业论文完成期限在即，但也等一等再说……

其实所有事情都可以换个角度思考的。每天上班下班，每天早起做早餐，晚上做家务，虽然是生活的常态，不也是靠着坚持才形成规律和习惯的吗？有谁一出生就自带了做家务、照顾人，或者认真工作的光环？都是一路走来逐渐内化成身体一部分的。小事琐事如此，大事呢，是不是都可以内化成习惯？

不是坚持有多难，是我们停止不下心疼自己的脚步：这个工作有点难，先放一放吧；已经工作了两小时，奖励自己看一下朋友圈吧；明天还有时间工作，就做到这里吧……看着好像是工作之间的放松，但是人都是有懒散体质的，经常一而再、再而三地允许自己偷懒的话，你的情绪也会随之懈怠下来，当你习惯了松懈再想紧张起来就难了。这也就是为什么人在经历了三天假期或者七天假期之后很难马上投入到工作状态的原因。心散了，不是那么容易收回来的。

我们都有一颗玻璃心，在自律这件事情上，一定要收起自己的玻璃心。

第 六 章

警惕，千万不能做成假自律

有假努力，假成功，你想没想过，世上还有一种假自律。

每天六点半起床，到公司后看了两眼书就打瞌睡了，结果就睡到上班时间，这是自律吗？每天雷打不动地听一节写作课，打了卡就躺床上了，这是自律吗？周末起个大早，吃个早餐就在那看手机，还在嘲笑室友：早起的鸟儿有早餐吃，你们这些懒虫整天睡懒觉，这也是自律吗？很显然不是。

你只是有了自律的习惯，却没有自律的成就。你所做的一切很可能都是假自律。

1. 没有方向地盲目跟风，什么风都是逆风

深夜，小侄坤坤敲开了我的对话框："姑姑，我都已经学着自律了，怎么生活还是一团糟呢？"我心疼地给这个大孩子发过去一颗糖。还有一行字，我实在没忍心发出去："你四处跟风，照本宣科，有样学样，根本就不能算自律啊！"

这个小侄是我姨家哥哥的孩子，今年20岁，一个站在成人线上的大小孩。一年前不知道从哪里听来了现在的成功人士都自律的事，开始学着自律，想通过自律改变一下自己。可是他不知道具体怎么去做，就跟着其他人有样学样，今天看着张三早起了，就学着早起；明天看着李四今日事今日毕，就学李四；后天看见王五每天跑两千米，也跟着噔噔地跑步；过了几天看见刘二每天狂飙英语，也拿着一本书跟着疯狂地读。可是一大圈学下来却毫无进展，让他生气又窝火，只好上我这儿取经。

我当时问他，你这样想着通过自律改变自己，那么你知道你想成为什么样的人吗？小侄的摇头让我很吃惊，连长大成为什么样的人都不知道，按照自律的各个方式做了，还不是一样稀里糊涂？怎

么说呢，这几件事情，每个单拆开来都是自律的好事情，哪个坚持下来都不错。可是小侄每样都去学，却不知道自己到底要成为怎样的人，生活不是一团糟又会怎么样呢？他根本就不是自律啊。

一年前我就告诉他，这样的自律不可取，可是他不听，依然如故，而且还振振有词：我们宿舍的孩子都是这样做的啊。

是的，就是因为都是这样做的，才有可能是错的。他如今想到找我一定是在哪里吃了闭门羹，证明了我当初的判断。

社会上有一个最明显的特点，就是跟风。别人干什么我就干什么，从来都不想着问问别人，为什么这样干。这就造成了表面忙碌，内心荒凉。

自律是什么？是知道自己前进的方向，然后去加倍努力，变成自己心仪的样子。他连自己想变成什么样子都不知道，就盲目地跟别人风，哪里和自律沾一点边。

去年我外出采访的时候，遇到一个自称自律的"达人"，他兴冲冲地向我们展示他的自律"业绩"，他已经连续坚持一年早起了，晚上睡眠时间也提前到了十一点，每天睡觉之前都要看上一阵书，现在都已经成习惯了，不看一会书怎么也睡不着。我们正想问问他都看的什么书，他的妻子冲了过来，气狠狠地说："你们别听他胡说，是早起了，可是早起之后根本没事做，就在客厅里面看电视，我上夜班，早晨需要补一会儿觉，被他一吵根本就睡不着，晚上睡觉的时候是不看手机、不玩游戏，但是捧着玄幻武侠的书看起来就没个完，你们说说，都三十多岁的人了，看小孩看的书，还自律呢，我看他就是假自律！"

那是我第一次听到"假自律"这个词，不过听到这词我就把它记到脑子里了。这句话太好了，说出多少自律的心声，道出多少自律的真相，像努力一样，有多少人是在假装自律呢。

就像我的一位朋友小曼，自从听了一节专家讲的自律改变生活的讲座，就在家里开展了自律的"演习"，规定每天早上必须在五点半起床，晚饭后到小区的楼下跑一圈再休息。这听起来非常美好，但是，事实真的不是那样完美的。五点半全家是睡眼惺忪地起床了，但是起床普遍都没事做，做饭的时间还早，他们两口子一人捏着一个手机在那里刷，孩子则抓起电视遥控器。她强制的早起，让他们家拥有了一个别人家都难得的"早上餐前数码设备使用时间"。

有一阵我非常好奇，为什么小曼的手机朋友圈都是在五点半就早早更新呢，后来知道了他们家"自律"的事情，我才明白其中的真相。不过知道这个真相，却让我生起了新的疑惑，这样的自律对他们一家有什么意义呢？我是看不出。

有一天，我实在按捺不住心中的疑惑，假装不经意问小曼："既然早上没有事情做，你们起那样早干什么，孩子还小，让她多睡一会不好吗？"看见我问，小曼一脸吃惊："这有什么要问的呢，不都说早起是一种好习惯吗？我想让我们全家都养成好习惯啊！"

"可是，可是，你们早起来干什么呢？"

听到我问，小曼更诧异了："干什么，就是早起啊，什么干什么！"怕我不明白，又跟着解释，"《黄帝内经》上说，早上五点是太阳升起的时刻，这个时候早起正好顺应了天地之间的规则，对人是非常有好处的。"

"那这样有好处，你们怎么不去外面走走，跑跑步，早晨的空气多新鲜啊！不然无所事事多没意思，还不如美美睡一觉呢。"我说的可是心里话，都说大好春光，一天之计在于晨，这样的晨光不做点什么，怎么想都是浪费的。

谁知道，听我说完，小曼的脸色顿时暗了下来："谁说我们没有事干啊，我们可以玩手机啊，白天工作太忙了，晚上还要陪孩子做作业，根本没有时间玩！而且你没听说早上的空气质量是最不好的，不适合锻炼吗？所以锻炼必须放在晚上。我们早起啊，真的只是为了培养一个早起的习惯。"

对着这个回答，我真的有些无语了，好吧，既然你早起仅仅是为了有充足的时间玩手机，我也不用告诉你，这样的自律真的没有一点意义了。

不仅这样的早起没意义，一切为了自律的自律，说白了都没意义。

自律是什么，《少有人走过的路》里说，自律是遵从自己的心，开发内心的原动力，把"要我做"变成"我要做"。有多少人的自律是"我要做"的呢？我不知道。我只知道朋友圈中各种晒步数、晒公里、晒行车路线，大多数还是停留在"要我做"的过程。他们离"我要做"还有一段距离，离真正的自律，同样还有一段路程。

2. 让你身心疲惫绝对不是真自律

因为喜欢写作，我加入了很多个写作群。有一天闲着没事和一个文友在群里聊天。文友对我说："你知道吗，我现在一天要做十八个小时的工作，非常累。"

我听了非常惊讶，按照常理，如果算上工作之余的精进，也用不了这样长的时间。这样大的工作量，用我的脑袋实在想不出她是做什么工作的。于是非常好奇地敲过一行字，问她是做什么工作的。谁知她敲过来一句话："我是一名孩子王。"这句话更让我感到好奇了，虽然说老师挺辛苦的，但是老师的上下班时间还是挺准时的，根本不用工作十八个小时吧，她说自己工作十八个小时只有两点：一是她说谎了，二是她不是仅仅做一份工作。

我颤颤巍巍地把第二个答案给她发了过去，她发过来一个乖乖的表情，之后发过来一张满满的做事时间表。乖乖，真的是满满的十八个小时。但是我猜得没错，她的确不是做一份工作，这张表单足以证明她除了是一位老师，还是一位自由撰稿人，而且她做自由撰稿人花费的时间或者精力更多一些。单这张表格上就有好几个日更的项目：简书日更一篇婚姻育儿文，悟空问答回答三个原创问题，发一个微头条，推送公众号，百家号，企鹅号，头条号文章。我掰着手指头数呀数，也没数出她到底要花费多少个小时才能做完这些事。作为写作者我知道，持续更文可是一件烧脑的事，她却同时更这样多，这要烧死多少脑细胞啊。

我轻轻地敲过一行字：工作量这样大，你太累了吧！

"累啊，当然累，实话告诉你，我现在腰也不好，颈椎也不好，每天坐在电脑前我都累得想睡觉，可是我不到万不得已的时候不睡。不是有一句话叫你不逼自己一次永远也不知道自己有多优秀吗，我就是想逼自己一把，看看自己到底有多大的能量。过了这阵子，我还要学画画，学编程，学好多好多呢！"隔着屏幕，我除了献上我的膝盖真的不知道说什么好了。不过在心里默默地叨念一句话：又是一个假自律的。

人的精力真的很有限，致使人们想做的事情做不完，所以就要懂得取舍，知道放下。有进取心是好事，但是以透支身体为代价，就有些得不偿失了。而且写作的事情是需要输入的，这样大量的输出，没有输入的时间，输出的质量也是可想而知的。翻开她的写作主页，每篇文章阅读量都是个位数，不过她写的门类倒是挺齐全，不仅有散文、随笔等传统文体，还有最近新兴起来的新媒体，不仅有亲子家教类文体，还有情感类、感悟类、干货类，真是海纳百川。可是谁又真能像曹植一样天生才高八斗呢，蜻蜓点水，散豆乱点兵，说句不谦虚的话，她的每类文章写得真都不怎么样。真是应了我老家的一句话：样样通，样样松。

而且不得不说，这些真的已经耗费了她太多的精力了，而她还要学习绘画，学习武术，学习一切看起来好，自己没学过的东西，不说精不精，时间成本一定很高，身体怎么能吃得消？我虽然佩服她挑战自己的勇气，但完全不赞同她变相折磨自己的做法。说着是培养自己的自律，挑战自己，怎么看怎么都像自虐。

自从自律和精进这两个词在朋友圈开始流行，我身边的朋友不少都搭上了这一趟提升自我的快车，几乎是变着法地激发自己身体的能量，挑战自己的极限，但是挑战成功的人并不多，大多数都是披着"我很自律"的外衣疲惫地喘息着。

堂妹棉棉去年就卷入了这场自律大军。

和我一样，棉棉也喜欢写作。去年在我的建议下在简书上开启了她的文字之旅。简书这一写作平台很随性，也很纯粹，汇集了很多堂妹一样喜欢文字的人，也算得上文字平台中一块净土，不过是地方就有规矩，简书中一个词总是牵动着写作者的心，那就是"日更"。在平台注册不久，表妹就加入了日更的大军，每天忙着找素材，写文章，忙得不亦乐乎。不过这样很快就显露出弊端来，堂妹在家乡的一家私立幼儿园做幼儿老师，每天被孩子们吵得焦头烂额，根本没有时间和心情找素材，看书，每天的日更让她十分痛苦。更痛苦的是，她发现虽然自己坚持练笔和日更，但是文字水平不升反降，而她熬了半夜写文、传文，第二天在课堂上没精打采，一次次被园长警告。因为实在不能兼顾，堂妹删除了她的日更计划，把空出来的时间用在读书上。让她想不到的是，因为有了良好的输入，练笔虽然少了，文章却写得好了。

有一句非常俗的话叫谁累谁知道。人的精力真的有限，谁的身体都不是铁打的，试想，用了大约通宵的时间完成她的自律和自我提升，白天工作的时候坐在办公室里面哈欠连天，老板好像不会太满意，同事中的口碑好像也不能太好，如果让客户看到自己的形象，也不会给对方留下什么好印象。如果老板心情再不好点，把饭碗给端了，好像更是得不偿失了。这可真是吃一车丢一象，治一经损一经。

而且，这样全覆盖地"自律"自己，效果真的好吗？好像未必。

在另一个写作群里碰到了一个更奇葩的"自律"网友。他生生地把自己的时间过成了 Excel 表格，精细到几点吃饭、几点睡觉、几点看书、几点跑步，而且要精进的事情还不是同频的，一三五体育活动，分别是长跑、游泳、羽毛球，二四六是文学活动，分别写杂志文、副刊文和研究剧本，周日是休息日，看戏看电影随心情。看上去计划表制定得非常完美，可是看完后，我满脑子闪过的只有一个字"累"。他如果要是全按照这张表格执行的话，那真是要累瘫的节奏了。更致命的一点是，这样庞杂的精进计划，到底哪一项能真正得到精进呢？我猜不出。

很多年前，我也犯过和他一样的错误。那时候我刚开始写作，有许多人找我约稿，这本来是件好事情，不过因为我刚开始写作，各方面写得都不是太顺，而且找我的老师有报纸副刊的，有纪实杂志的编辑，有情感生活类杂志的编辑，还有学生类杂志的编辑，甚至还有我们当地文联的一位编剧老师，几乎涉及写作的所有领域。当时明明知道有好几个都不是自己擅长的，却不舍得放弃任何一个机会，就给自己安排了一个时间表，用于补齐自己的短板。可是理想很丰满，现实很骨感，由于我的时间和精力、能力都非常的有限，自己累得不得了，每一项都没有做好。后来我忍痛割爱，只留下自己擅长和喜欢的，情况才开始好转。

　　自律是为了变得更好，如果只是把自己搞得身心疲惫，就违背了我们自律的初衷。挑战自我也要在自己能应付的范围内，万事急不得，也急不来，都要量力而行。要做就要做最好，而不是做最多。少而精永远强过多而杂。让你身心疲惫的永远不是自律的本意。

3. 口中的明天，不该是永远不来的未来

"老婆，我明天决定减肥，你监督我一下。"

饭桌上，爱人嘴里一边嚼着饭一边对着我说。我呵呵一笑，说："好啊，可是能告诉我，你的明天什么时候来吗？"我不是和他打趣，我是真不知道他的明天什么时候能来。

爱人身高一米七，体重却足足有一百七十斤，严重超标。意识到自己的体重已经严重超标了，他开始嚷嚷着减肥，可是他的减肥计划总是留在明天。到如今我听他说了百余次了，依旧没看见他开始行动。真是应了那句话，减肥永远在明天。

除了减肥迎不来他的明天，还有很多事情，迎不来他的明天。

比如脾气。爱人的脾气不太好，沾火就着，有时候不沾火也会着。有一次不知道什么原因，他的手被剪刀划了一下，气得他把剪刀扔进了马桶里。他发脾气的时候我们都不理他，等他发过脾气的时候我们全家都开始讨伐他，尤其是儿子，奶声奶气地对他说："爸爸。

你发脾气的时候太吓人了，你能不能把你的脾气改改啊！"他听了连忙点头如捣蒜地说："好好好，爸爸改，爸爸改，爸爸明天就改。"可是，这个明天也和减肥一样是永远也迎不来的明天，脾气还是说来就来、说发就发，没见着有一点收敛的。

比如承诺。我们家就一个孩子，全家对儿子都非常重视，尤其是对他的学习成绩。爱人更是，本着养不教、父之过的责任感，一次次耳提面命劝儿子好好学习。为了让儿子学习有动力，总是许诺儿子一件又一件礼物，许诺完了，也像前两种一样，永远也看不着兑现，气得儿子生气地质问他："爸爸你是不是记性不太好啊，怎么总是忘了说过什么呢？"让他羞愧得无言以对。

"明日复明日，明日何其多，我生待明日，万事成蹉跎。"

其实爱人是一个很好的人，他不止一次和我私下说自己是应该改一改脾气了，这样大的脾气对孩子的成长会有影响的，也不止一次说要保养好自己，不然以后怎么养我和儿子，怎样扛这个家。明天就改，明天就养。但是他这个明天，就像那天上的星星，遥远得没有时候能到来。

明天到底有多远呢？明天是距离今天最近的一天，可是在某些人，如我爱人这一类人的心里，明天可以是遥远的将来，也可以永远不来。

又有多少人，有我爱人这样超时空的能力，把明天永远推走呢？

应该有不少。我们单位的同事萌萌就经常喜欢把明天推走，除了喜欢把明天推走，还喜欢把"下一次"当作她的口头禅。

有一次上级部门来检查，因为是突击检查，很多工作都没有准备好。萌萌是五年级的班主任，不仅该完成的教案没有完成，就连班级的各项规章制度都没有张贴，上级领导当然是一脸黑线。萌萌不知道如何和领导解释，只好一再地说："下一次一定好，下一次一定好。"气得领导瞪了她一眼说："我想听的不是下一次，而是这一次！"

是啊，下一次和这一次只是一字之差，却是天壤之别。自律讲究的是当下，而不是将来。

自律永远不应该是明天的事。任你有豪情万丈，不付诸行动，一切不还是空谈吗？你的减肥计划永远在下一天，你的自律计划永远在下一天，那你的肉肉永远长在你的今天，你的懒散消沉永远随着你的今天。

在知乎上看过一个问题："你见过最不求上进的人是什么样子？"

点赞数第一的回答是：

"我见过的最不求上进的人，他们为现状焦虑，又没有毅力践行决心去改变自己；三分钟热度，时常憎恶自己的不争气，坚持最多的事情就是坚持不下去；终日混迹社交网络，脸色蜡黄地对着手机和电脑的冷光屏，可以说上几句话的人却寥寥无几；他们以最普通的身份埋没在人群中，却过着最煎熬的日子。"

短短的几行文字，竟描绘出普通人每日的生活轨迹。

上班摸鱼、下班打游戏，熬夜刷着各种娱乐新闻和社交网站，没有兴趣与爱好、周末只想葛优瘫；放弃早起、放弃健身、放弃有益的阅读和交际，不肯花时间好好思考自己的人生。

你是否就像这样，终日浑浑噩噩、随波逐流、得过且过。也曾为生活焦虑，但仍找不到奋斗的方向、毫无意义地耗费着生命。

我爱人经常就自己的不行动哀叹内疚，可是哀叹真的没什么用，当懒散成了习惯、不自律成了生活的常态，只会越来越痛苦。

想起最近在《意林》上读过一个关于今天和明天的小故事。

日本有个著名的僧人叫亲鸾上人，他9岁时就已立下出家的决心。他求禅师为他剃度，禅师就问他说："你还这么小，为什么要出家呢？"亲鸾说："我虽年仅9岁，父母却已双亡，我不知道为什么人一定要死亡，为什么我一定非与父母分离不可？为了明白这层道理，所以我一定要出家。"

禅师非常嘉许他的志向，说道："好！我明白了，我愿意收你为徒，不过今天太晚了，待明日一早，为师再为你剃度吧！"

亲鸾听后，非常不以为然地说："师父！虽然你说明天一早为我剃度，但我终是年幼无知，不能保证自己出家的决心是否可以持续到明天，而且，师父你那么高龄，你也不能保证明早起床时还活着。"

禅师听了这话以后，拍手叫好并满心欢喜地说："对的！你说的话完全没错。现在我就为你剃度吧！"

对这个故事印象深刻的原因是这个故事告诉了我们一个从远古传下的道理：今日事，今日毕，什么事情都不能拖到明天。

《少有人走的路》里有这样一句话：

"自律，是解决人生问题的首要工具，也是消除人生痛苦的重要手段。"而面对自律，我们要做的是永远不做思想上的巨人，行动上的矮子，光说不练。不幸的是，有很多人都成了这样的人。

4. 控制不住欲望，谈什么自律

　　去年暑假为了锻炼身体，我和小区里的几个邻居参加了一个徒步营。我们每天早上六点从市政府广场出发，绕着外环公路走上半圈之后再原路返回。我们小城不大，这段路程真的不算远，而且我们小城绿化和城市建设做得非常好，三步一亭，五步一景，亭亭怡人，景景入画。所以每次走的时候，就像去观光旅游，心情格外舒畅。

　　邻居中有一个刘姐，为人热情大方，活泼开朗，每次走的时候我们都搭伴而行，但是因为急着赶路，并且徒步营有规定不许边走边聊天，所以我们也只是搭伴一起走，肩挨着肩而已，依旧像是各走各的。有一天，我正埋头走着，刘姐突然一把把我从人群里拉了出来，同时把手机递到我的面前，"来，这棵树真漂亮，给姐照张相。"我扫了眼前进的人群，接过手机。

　　我以为这就没有事了。谁知道还没走出多远，我又被她拉出了人群："这个亭子不错，再给姐照一张。""姐，你看人家都走那样远了。"我指着人群略微不满地嘟囔一句，不过还是接过了手机。

或许是察觉到我的不满，刘姐一边摆 Pose，一边对我说："就这一张，最后一张，这才走多远啊，一会我们就追上了，再说和他们走也没啥意思。"我便不再说什么，有什么好说的呢，人家都已经说是最后一张了，而且照片已经照完了。虽然照片照完了，但是徒步的队伍也已经走远了，有了她这一小插曲，我也没有了追的兴致，我们结伴往回走。刚走到一半，刘姐又把我拉住了，让我再帮她拍几张照片，我无奈地接过手机。说实话，这路边的景色吧，好看是好看，但是树是一样的树，花是一样的花，亭子还是一样的亭子，美是美，也没有十分特别的，而且前面都已经照了好几张了，我实在不理解她为什么这样热衷于拍照。

我的迟疑估计被刘姐看成了不满，她略带歉意地对我说："其实我也知道照片拍了不少，可是我看到就想照。"这个我还真能理解，爱美之心人皆有之嘛，对美好的事物，谁都想多留下来一些，可是我却有另一个好奇，刘姐好像不太喜欢徒步，为什么要报名参加这项活动呢？

听见我问，刘姐迟疑了一下，对我说："现在不是流行自律吗，我也想培养一下自己的自律性，管着点自己，平时难得出来走一走，想着有一个团队约束一下，还能强迫自己运动一下。"

"既然你这样想，那么为什么不控制住自己拍照的欲望呢？"我接着抛出我的疑问，边问在心里边思忖，刘姐这个人太有意思了，想培养一下自己的自律性，却管不住自己的拍照欲望，实在是有些矛盾。

跟随大家走在队伍里的控制力都没有，还奢谈什么自律。像所有的事情一样，需要完全准备好了才能开始，不然草草地，漫不经心地开场，很有可能以一个草草地落荒而逃作为结尾。

一切皆由心定。

因为我是一个写作培训班的辅导老师，经常回复学员的信件和留言，我也非常喜欢回复他们的信件和留言，都是从这个阶段走过来的，真心希望能帮到他们。有一天我的微信里躺着一条留言：老师，我想好好写作，可是一坐下来就想其他的事情，想控制都控制不了，您能告诉我怎么样克服这个坏毛病吗？

这条留言我纠结了好久才回复了几个字：只要你想写，我相信你一定会排除杂念写好的。说实话，这个回复很不专业，甚至有些敷衍或者说有点鸡汤，不过我实在不知道怎样来回答她。一边是欲望，一边是自律，一边是放任，一边是约束，决定权真的只在自己的手中。我们只是负责鼓励，路还是要你自己来走。不过凭我多年的经验，在能不能掌控自己上请教别人，这个人掌控自己的能力不是很强。

当时我非常希望我的判断是错误的，但是没过多久我就知道我的猜想是正确的了。我们培训班每节课课后都安排作业，我的邮箱里面从来没有收到过她的作业。刚开始的时候在课堂上我还可以看见她的身影，后来连她的身影也见不到了。她因为要提升而把自己送进了一个课堂，却因为不能掌控自己又把自己推出了课堂。

不过在其他学员口里我听到了她之后的概况，她还是非常想写作的，还给自己制订了一个很"励志"的写作计划，每天写一篇文，一个月发一篇杂志，半年之后争取能出版一本书。不过后来她好像始终也没有动笔，因为琐事太多让她静不下心，计划终于还是计划着。她也不是没写字，隔三岔五在朋友圈就发一次今生怀才不遇的感慨，大有江东楚霸王之恨。说起来真的也算蛮"自律"的了，可是这样的"自律"有什么用呢，常年不变的牢骚文字，让人看不出一点生命活力感和价值感，又怎样体现你的才华呢？我的一个老师曾经说过，怀才就像怀孕，你得让人看出来，不然只说知道你有才，你不行动，管控不了自己，真的只有空余叹的份。

其实，写作者大多数都是业余写作，每个人在写作的过程中都是一边忍辱负重，一边砥砺前行的。我知道很多自媒体和新媒体的从业者，忙到大半夜是家常便饭，他们很多人都是深夜更文的。新媒体圈里面最拼命的某位就经常打着吊针写稿子。世上从来就没有一件容易的事，写作是，其他的事情也一样。

一个人对自己的掌控能力，往往决定着这个人能不能担起自律的重担。而在能否自律之间摇摆的人，要是自律，也可能是假自律。

假自律是掩耳盗铃，是自欺欺人。

想要自己真正做到自律，就要控制住欲望，学着走出舒适区。自律也不是太高大上，可以从改掉自己身上的坏习惯开始。21 天是一个周期。选择想改掉哪个坏习惯的话，一定要把你的新习惯坚持21 天以上。21 天就是三周的时间，你也可以把它们像分解目标一样分解到每一周。21 天听起来很长，但是你一个星期一个星期地坚持下来，会觉得很容易。

比如早起，如果让你每天早起或者连续一个月早起的话，听起来的确有些恐怖。但是你给自己一个小周期，先是坚持一周早起，再把时间延长到两周，之后三周、一个月、半年，当你半年都能早起的时候，早起这个习惯就已经跟随着你了，用这一点点的改变体会到自律的快乐，从而真正自律起来。

5．抱歉，自我摧残真的只是自虐

　　密友冉冉是我的大学同学，全班公认的气质美女和女神。因为留在一个城市，我们成了无话不说的好姐妹，经常聚到一起出去玩。一次我们相约登市郊的小五山，登山的时候我发现一件奇怪的事情，冉冉脸色憔悴，整个人看上去病恹恹的，状态非常不好。

　　冉冉的身体一直很好，平时连个感冒发烧都不曾有过，突然表现得病恹恹的，让我很是纳闷，急忙问她是不是病了，如果身体不舒服我们就取消这次计划。看我一脸紧张，冉冉笑着拍了拍我的肩膀安慰我："你是不是觉得我生病了？告诉你，我不是生病，而是没有吃早饭，我在减肥呢！我已经连续这样半个月了，没问题，你不用担心了。"

　　"不吃早饭减肥！"我惊讶地瞪大了眼睛，"不吃早饭减肥？这不是自杀吗？连小孩子都知道不吃早饭有多大的害处，还用这种办法来减肥，你简直不要命了！"

看我生气了，冉冉也暴躁起来："不就是不吃早饭吗，至于这样大声吗，你不会老土地没听过自律吧？自律就是控制自己的欲望，强迫自己达到需要的某种效果。我想减掉身上的肉肉，只好从吃的上下手了，我不是一点东西都没吃，早晨我还喝了一碗豆浆呢！"我的眼睛刚放下去又圆了起来，空着肚子喝豆浆，这个小丫头真的是把自己往死了整。看我依旧一脸担忧，冉冉安慰我别担心，你没听说过自律吗，我已经坚持半个月了，再坚持半个月就会有效果，到时候我一定答应你好好吃饭。

好吧好吧，既然你这样爱惜自己的身体，我真的有些无话可说，不过我最想和她说的一句话是，靠着虐待自己的身心达到某种效果的行为，真的不能算是自律啊，充其量是假自律！这些假自律的人，往往总被不合理的执念所洗脑，他们从不曾在意自律带给自己的内心变化，只是单纯地压抑自己的欲望，忍受着食欲被剥夺的煎熬，透支着身体和本来就不多的意志力。

事实上，没有一种意志力是需要你绷断神经，以透支身体为代价，换取一时成效的。可怜的假自律，让自律的重心由过程变成了结果，捆绑于其中的自己，只想着早日涅槃、早日解脱。

相反，那些真正的健身爱好者，往往并不计较体重，他们选择合适的跑鞋，器械，只是真正的喜爱。真正写作者，他们持续日更坚持写作，也真是喜欢，没有功利，没有妄念。

说了这样多，你以为假自律离我们很远吗？你错了。你是否也发誓晚上十一点前睡觉，却在半夜两三点打游戏，撩妹子，刷手机？你是否也立下 flag 每天跑步五公里，却一回家就滑进被窝，嚼起薯片，全程葛优瘫？

这些都是假自律。

你以为都是"意志力"惹的祸？错。说白了，自律是一场动力和阻力的角逐。它的本质并非"我要在 X 点 X 分做 X 事"，而是"我可以自控，我享受当下"。

我身边那些真正的大神也许不够拼、不够急、不够快，却很明白自己要什么，做什么。首先，他们不会对身体撒谎。其次，他们专注、热诚，享受当下的心灵体验。

他们经常问自己：这件事我真心喜欢吗？这件事我必须做吗？我能够为此负责吗？比起盲目争斗、自我内耗，他们坦然而笃定，不会为了"做"而做。

正因如此，他们有一套不被轻易撼动的价值观。难熬之时，他们也很少纠结于公式化的时间投入，而会把精力放在欲望的转移和吸收上。所谓的高度自律，是你我眼见的表象，于他们而言，是习惯，亦是本能。别人嘴里苦行僧般的生活，就如他们的一蔬一饭，三餐四季，再寻常不过。

自律这件事，终究不是眼里看看、嘴上谈谈那样简单，都是需要行动起来的。就算现在定力稍欠又如何？起码，这是一个和自己相处、磨合、修整，进而升级自我的绝佳契机。别人通过跑步五公里得到的好身材，你若心脏吃不消，那就饭后散步保持体型；别人在自习室从早到晚学习十五六个小时，你若觉得超负荷，那就专注真正有效时间。何必高估别人的定力，菲薄自己的无能？做他人眼中的能力强者、完美者，或许并没有多大的意义。

　　真正的自律，是悦纳自己的规律，明晰自己的动机，调适自己的计划，专注自己的热爱。之后，便只需款款而行。

第 七 章

自律达人工厂：如何做一个自律达人

　　自律有多难，自律好像真的很难，难得让人想到自律两个字就有种心惊胆寒的感觉，因为这两个字有太多的条条框框束缚，并且像有魔力一样，总让人半途而废，无疾而终。然而这病真的那么难治吗？自律没有那么难，有时候你和自律间仅仅隔了一部手机。

1. 你和自律间可能只隔着一部手机

　　自律有多难，自律好像真的很难，难的让人想到自律两个字，就有种心惊胆寒的感觉，因为这两个字有太多的条条框框束缚，并且像有魔力一样，总让人半途而废，无疾而终。然而这病真的那么难治吗？自律没有那么难，有时候你和自律间仅仅隔了一部手机。

　　画面 a，你正在埋头工作，突然手机振动了一下，你条件反射一样地拿起了手机，一番忙碌以后，手机的事情已经处理完了，可是你刚才工作时候的那一部分专注就再也回不来。有研究表明，一个专注工作的人，一旦被破坏了工作状态，需要至少五分钟才能重新进入，这是对于专注力很好、能迅速进入工作状态的人来说的。如果你的专注力不佳呢，如果你在家里接二连三被打扰呢。

　　画面 b，你本来打算打一个电话，但是拿过手机的时候，发现手机上推送了两条非常有意思的新闻，忍不住自己的好奇心，一下子点开，之后的事情就发生了蝴蝶效应，一个又一个新闻被你点开。一个又一个网页被你点开，你开始沉浸于手机的世界里，最后，竟然忘了自己原来仅仅是想打一个电话。

画面 c，晚饭后，您打算读一会儿书精进一下，刚翻了两页，手机微信的提示音响了起来，你点开微信头像，是一条请你帮忙转发点赞的留言。这样的信息太多了，真的没有多少用处，你随手点了一下，或者随手关了一下，刚才打算读书的那份激情却被牵走了，任你怎么想安静也静不下心来，于是拿起手机一阵疯狂乱刷，时间就这样一分一秒地刷过去了。时间不像池塘里的水，流出了还能流进来，时间像一闪即逝的流星，怎么也找不回来，而仅仅是这一次找不回来吗？

如果不怕危言耸听的话，你浪费在手机上的时间足足有几年之多。据不完全统计，人们一天平均浪费在手机上的时间是四个小时。四个小时，一天时间的三分之一，想一想，实在是可怕到爆炸。更可怕的是，自律都需要极强的专注力才能形成，而手机是专注力的第一杀手。《深度工作》一书中说，如果一个人时刻沉浸在手机的打扰中，并且习惯了这种打扰，他的大脑往往会形成一种疾病，叫心智残疾。这种病，能改变大脑的结构和思维模式，再想专注做一件事情比登天还难，这也就是很多有玩手机习惯的人很难集中精力做一件事的原因，手机是专注力的顶级杀手。

我有一个朋友就深受手机之害。

朋友是一个公司的小领导，小公司事少，领导工作就变得很清闲。在智能手机还没有流行的时候，朋友多余的时间都是在办公室里面看看书、读读报，有时候还写一篇文章，后来有了智能手机，朋友的时间便都被智能手机占有了。他的朋友多，智能手机上的问候就不断，除了问候，还有各种点赞的，求关注的。另外，手机上的资讯、游戏，小视频也让朋友欲罢不能。

其实作为一个小领导，用一下手机也没有什么大不了的，但是糟糕的地方在于，他把用手机当成了习惯，而且把手机的一切声音、一切信息都当成命令，无论在干什么，无论在什么场合，只要手机一响，他马上掏出手机。他的妻子总是不止一次的抱怨，手机是他的情人。

更糟糕的是，有手机参与到他的生活中，他以前制订的那些跑步的、健身的、提升的、学习的计划，都成了口头上的协议。有时候想到他，我不得不想到一句话，一个人是怎么颓废的，就是从拥有一部智能手机开始的。

很多高度自律的人，他们的工作状态是关了手机的。樊登读书会的创始人樊登老师有一次在一个讲书的平台上说，为了让自己马上进入深度工作状态，他总是关了手机，而且他的手机上没有名目繁多的 app 应用。他说手机其实仅仅是一个通信工具，不能让手机变成机器，把自己绑架。没有了名目繁多的 app，他的工作效率也没有降低，相反却高了很多。现在他不仅每周录三本书，还担任多个平台的讲师，另外还写着剧本、写着书。有一次，他开玩笑地说："有的朋友问我，我的时间是从哪里来，我告诉他们是从手机里面挤出来的，我把你们玩手机的时间都用在了工作上，所以我才做得这么好。"他说卸掉多余的 app，不是不近人情，也不是跟时代决裂，只是为了监督自己，不让自己分心，把更多的心思放在工作上。

他的话会不会让你想起一句话：就是因为我把别人喝咖啡的时间都用在了写作上，才可以写那样多的文章。

简直如出一辙。

所有事情都是因为专注，所以精进。虽然我们不是樊登老师一样功成名就的人士，但是我们完全有权利让手机少打扰我们的生活。

2. 规划得当，心和身体可以同时在路上

朋友中我最羡慕麦子。有一句话说得好，身体和灵魂总要有一个在路上，但是麦子让这两个同时都在路上。

麦子是一位旅行作家，祖国的大好河山几乎让她给走遍了，而她读过的书，记过的笔记，甚至比走过的路都要多。每年两本的出书速度，让我们这一众写作路上的小虾米既惊叹又羡慕。令人羡慕的还有，她还是好几个旅游网站的认证达人和旅游杂志的签约作者。这都不算，她还有一个非常爱她的老公可以陪着她一起走天涯。有时候看着她朋友圈里面发的两个人行走在各处的照片，都有一种看见郭靖和黄蓉的错觉。

麦子的人生是开挂的。

我不止一次地问她："这样的开挂人生你是怎么做到的？"麦子总是摇头轻笑："哪有那么多玄机，谁还不是这样一步一步走来，一步步过日子的。"

话是这么说，但我真的不相信，谁不是这样一步步过日子，人家把日子过成了诗，我们把日子过成了苟且。应该是麦子够聪明，才能在错综复杂的生活里杀出一条血路。

捱不住我的软磨硬泡，麦子告诉我，真的没有什么难的，只要规划合理，身体和心灵真的可以同时在路上的，并带给我一份她的作息清单。

在麦子的自律清单里，我清清晰晰地看见她记着需要做的大小事宜，包括清晨六点起床，每天读一本书，听半小时英语，跑步一千米等，但是在清单的最后却有一行漂亮的小字，写着愉悦时光。我对这一行小字特别好奇，什么是愉悦时光？难道是自律？可是自律是要把生活过得有节制呀，一边自律一边娱乐，好像是卖矛和盾的那个人，不是自相矛盾吗？

在我的印象中，自律真的就应该是一副板着脸的扑克脸谱，清心寡欲。她堂而皇之地把玩乐时间填在了里面，怎么想怎么都太不可思议了。

听了我的想法，麦子哈哈大笑地质问我："谁告诉你自律就不可以娱乐了，你不是走着走着忘了初心吧，自律是为了让我们遇见更好的自己，过更好的生活，你把自律过成了一个苦行僧，那我们自律真的没有意义。"

看见了我的疑惑，麦子轻轻地对我说，你不是一直想知道我为什么把日子过成诗吗，秘密就在这里。说着她和我讲起了村上春树。她说村上春树可以算是自律达人了，但是在村上春树的自律清单里，下午两点到三点的时间是单独留出来看闲书和喝茶的，人生真的不是像上着发条的机械，那样我们的生活就变得枯燥和没有情趣了。有阳春白雪，还要有下里巴人，生活要有自律克制，也要有舒缓放松，这样神经才能够放松，才能够更有激情地拥抱生活。人来到这个世界上，不仅仅要工作，还要知道休息。

最后麦子说，真正自律的人，懂得把娱乐的时光像任务一样坚持执行，因为充足的娱乐时光才是长久自律的保证。会休息才是最高级的自律，懂得休整的人，才能享受高配的人生。

麦子的话让我想起了我们以前公司的董事长。我们是餐饮公司，当年董事长是靠着一柄大勺起家的。因为知道创业的艰辛和守业的艰难，董事长对自己和员工的要求都非常严格，尤其是对自己，简直到了不疯不成魔的地步。可是就是这样一个把时间都掐算到秒，舍不得浪费一分钟的人，每周五的晚上都要留在集团里和员工们一起联欢。当时工作的时候，我们都觉得董事长是在安抚员工，现在想来根本不是，董事长是在用这一点时间来放松一下，给自己一个休整的时间。

在网上看到过这样一句话"像时针一样精确的人生是可怕的"。不要过度去追求看上去很自律，将日程安排满满，滴水不漏的生活。且不说这样的生活是否舒服，是否称得上是高质量的生活，这样的做法其实是一种低效率的处事方式，连功利性的目标也很有可能无法完成。

不懂休息与放松的自律，只是看上去很自律，既不能高效率地达成目标，又不能愉快地享受生活，只是在用表面上的繁华充实欺骗碌碌无为的自己而已。

3. 寻找榜样，抱团取暖路更远

多年不见的表弟从家乡给我带来了一个非常好的消息，他通过了家乡的教育资格证考试和教师资格考试，明天就可以到学校报到，当一名老师了。

他还告诉我，他们这次一起报名的有三个人，这三个人都被录取了。说完高高兴兴地问我："你想不想知道为什么我们三个一起报名呢？"我想都没想就回答他，"你们三个是一起复习的，所以一起去报了名，是吗？"他吐了吐舌头，说什么都瞒不过我。

当然什么都瞒不过我，我当年也是用这样抱团取暖的方式考出了家乡的那个小村庄。

当时我在镇上的中学读书。镇上的老师资质水平有限，所以我们的英语程度都不高。虽然我们英语学得不太好，但是我们的心气比较足，班上有三个小女孩，我们是好朋友，并且都有远大的志向，将来一定要考北京大学。要知道，我们这小镇子实在是太小了，北京大学只是听来的名字。老师听到我们要考北京大学，一面给我们打气，一面给我们打消极针。他说，考北京大学是好事，但是北京大学需要考英语的，你们的英语水平得加紧练，不然是考不上的。这句话让我们既兴奋又难过，兴奋的是我们真的可以考北京大学，难过的是我们几个的英语分数加一块，还没有一张试卷的分数高。用什么去竞争呢？

我到现在还非常感谢我们的老师，他给我们几个出主意说，你们三个在一起可以组成一个互助小组，每天互相监督着学英语，背单词，背课文，万变不离其宗，老师相信他们的题目再难也难不出课本吧。这句话又像给我们打了一针兴奋剂，我们三个小女孩便组成了一个学习小组，每天兴致勃勃地背单词、背课文，你追我赶，学习的氛围要多浓厚有多浓厚。而且为了让自己提升得快些，我们还不自量力地给自己定了一天要背下一百个英语单词的目标。一天一百英语单词，现在听起来都有点天方夜谭，可是那时候或许是初生牛犊不怕虎吧，真没觉得有多难，上学放学的路上或者课间你考考我，我考考你就背下来了。但是也有打退堂鼓的时候，比如遇到一个词比较难的时候，不过另外几个人负责打气，就没有那么抵触了。我们还有严苛的奖惩措施，如果谁第一个背下来，我们就让她当组长，要是背不下来，就得接受我们的惩罚。想想那时候真是好，不知不觉就把英语学好了。

现在想来，让孩子学习，其实真的没有什么捷径，只要调动他内心的力量，什么都是不可阻挡的。

三年之后的高考，我们三个虽然没有报北京大学，但是都考上了心仪的学校，也成了飞出小村的金凤凰。后来我们聚在一起的时候还想，如果当时我们没组成那个小队，或许就没有今天的我们。

26个小蝌蚪一样的字母，现在想起来都头疼，自己一个人是完全没有力量应付的。当时还不知道，我们的精神可以用抱团取暖来形容，现在突然想明白了，抱团取暖真的是一件非常好的事情，有利于人们的进步。所以表弟说他们好几个人一起报考，一起分享胜利的喜悦，我一点都不奇怪。

昨天写作班的一个学员问我："老师，我已经很长时间没有写作了，但是我真的想写，你能告诉我什么样的方法能让我马上提起笔吗？我真的需要鼓励和安慰。"我想了想说，那么我邀请你加入一个写作社团吧。我这可不是拉生意，是因为我知道抱团取暖的好处，在一个集体里面你追我赶，大家会调动起来学习的劲头，不然写作这条路，一个人走真的是很难。

没出两天，他告诉我，老师，这个写作社团加入得真好，大家你一句鼓励，他一句安慰，不仅让他提起笔来，还让他对自己的写作之路充满了信心。

听到这句话，我非常欣慰。看来无论什么时候，抱团取暖都是坚持下去的捷径。有人说自律很苦，坚持不下去怎么办？其实自律真的很苦，但是如果有一个人跟你一起走，你是不是会觉得好一些？有人跟你一起分担苦难，有人陪你一起欢笑，那种感觉比一个人独行要强上一百倍。

现在互联网特别发达，找到志同道合的人变得容易了许多，比如，网络上有许多读书社群，跑步社群，还有写作训练营，徒步训练营，瑜伽训练营，几乎你能想到的关于自律的方方面面，都有一个专门的团体。你需要做的只是报名，之后按时打卡。

自然每个社群还是有每个社群的奖惩制度的，记得有一个写作的社群规定，每天必须交一篇 500 字以上的文章，如果第一次交不上来，就要发 10 元钱的红包，第二次交不上来的时候就要扫地出门了。看上去挺严苛，其实更容易形成你的自律。人都是有奴性的。有人监督的时候，会容易激发人们斗志，如果没人监督，很可能就消沉下去。记得我当时参加的时候，每天都像打了鸡血一样，无论多忙多累，都要在 12 点之前交上一篇作业。那种感觉好奇妙，好像回到了学校。而在那个训练营坚持了两个月之后，我就养成了一个每天写作的习惯，先是 500 字，最后是 2000—3000 字，要是有一天不写，心里会非常难受。这就是加入团体的好处，可以变相的催促你养成一种习惯，并且是养成一个人养成不了的习惯。

我的朋友莎拉就是通过一个跑步社群找到了志同道合的跑友，还获得了一份薪水丰厚的工作。

莎拉一直喜欢跑步，但总是找不到跑友，在公园的小路上或者小区的甬道上，一个女孩子孤零零地跑，总是让人感觉怪怪的，虽然喜欢跑步，但是没几天她就坚持不下去了。她说承受不了大家看她的目光。后来机缘巧合，她加入了一个跑步群，每天在指定的地点集合，和一帮志同道合的朋友跑起来。她说那感觉要多酸爽，有多酸爽。而更让人兴奋的还在后面，因为她年轻，有活力，还有一定的号召力，一个企业的老总邀请她做公司健身队的领跑，开出的薪金直辣我们的眼睛——每月 8000 元。美得莎拉总说自己跑步捡到了一个金元宝。

如果你想自律，但是没有勇气和毅力坚持下去的话，找一个团体会让你达成所愿。一个人走得快，一群人走得远，并且会走得更快乐。

4. 向懒癌说不，逃离舒适圈

懒一直是摆在自律前面的一道难关。也可以说，自律培养不成的原因主要是因为懒。

现在生活节奏加快，每个人都在职场和家庭间疲于奔命，业余的时间想休息一下是无可厚非的。休息的时间短叫休整，休息的时间长并且有空闲的时间就想休息一下就是懒了。现在出现了一个特别贴切的词形容这种现象——懒癌。而且我知道有很多人都是懒癌患者，包括我在内，也是一个十足的懒癌患者。

刚患懒癌，好像是在四年前。那时候我在郊区的一家幼儿园做老师。幼儿园老师是一件非常辛苦和劳累的工作，每天被小孩子吵得头都大，加上那段时间我的身体不太好，回到家里的第一件事，就是躺在床上休息一会。懒劲要是一上来可能睡上一觉再起来，至于做饭什么的，爱人比较勤劳，并且厨艺还好，根本就不需要我操心，我就心安理得地懒下去。

懒真是一个致命的习惯，后来我的身体复原了，但是回到家的第一件事还是躺在床上休息一下，什么时候休息够了什么时候再起来，而对家务什么的就像一个甩手掌柜一样，根本想不起来去做。有一天，爱人出门办事，嘱咐我自己弄点吃的，我答应了却懒得动，直到爱人回来，我才让他帮我煮面。爱人又好气又好笑地说："我是养了一只小懒猫呢，还是养了一个懒汉？"爱人说完我也觉得很不好意思，一个女人懒得都不愿意给自己做饭和吃饭了，是不是真叫懒到家了。那一刻我发现不能让自己这么懒下去了。

懒容易，不想懒却很难。回家的第一件事还是想躺一会，后来为了控制自己这个躺一会的欲望，我回家的第一件事就是钻厨房。厨房里没有床、没有沙发、没有凳子，想坐一下都不可能，终于凭着"强大"的自省能力和"强大"的自制力，我战胜了懒散。我满血复活一个月，爱人特意做了好几个菜为我祝贺。他说我真的不是一个懒人，希望我要这样一直勤劳下去。他恭维话后面的秘密我是知道的，不过我真的没心思和他计较，一个人活动起来确实是比懒着强。记得那时候懒着，看什么都没有意思，什么事情都不想做，心也跟着像死了一样。重新活过来之后，看到什么都充满了活力，感觉自己的生活是那么幸福和美好，世界就像重新铺在了我的眼前一样。那时候才知道，向懒癌说不真的是一件愉快的事情。

自律是一个艰苦的长征，治懒是长征的第一步。

长征的第二步是逃离舒适区。

人都有趋利避害的习性，向往舒适。而蜷缩在舒适区，是自律成长路上的一块顽石。很多人自律不成功的原因就是舍不得离开舒适区，走着走着又回来了。想要在自律的路上精进，就要走出你的舒适区。

我的舒适区就是我的小家、我的那张小床。彻底知道自己的懒是源于那张床之后，我就试着远离它，除了睡觉，平时不到卧室里面去，更不会靠近那张床。物质的舒适区是可以远离，也容易远离，最不容易分离的就是情感舒适区或者工作舒适区。我所有的业余时间都放在了文字上，所以我的工作舒适区也是在写作上。我喜欢写并且擅长写些短小的文章，不过写了一阵之后，我发现了一个致命的问题，我写这样文章再也没有什么难度，这样的文章已经激不起我挑战的欲望了，我开始尝试新的写作方向。后来我写了剧本，写了书，写作的路子越来越宽。有时候我想，如果我还只是停留在自己擅长的小文章上面，还会不会走到今天，或许早已经随着疲惫放笔了。

走出舒适区是一件挺难的事情。人都想追求舒适性，习惯了就不想改变，可是想要自律就是要改变自己的现状，如果还是像现在这样按部就班，那么自律就没有意义了。所以想要用自律来改变，就要从舒适区里面跳出去，跳出去的时候会很疼，但跳出去之后，看到的风景会很广很美。

知乎里有一个关于为什么走出舒适区的帖子，下面一条答案特别火。答案说：舒适区就是长期处于一个舒适安逸的环境中，人很容易被其舒适所迷惑，时间长了，会导致意志上消沉，能力上落后，但由于这个过程是渐进式变化的，极不易被自身察觉，当某天所处的舒适区域被打破，习惯"被圈养"在这种环境中的人，将会变得无所适从，直至被"扔下地狱"。

可见逃离舒适区的重要性。

是不是逃离舒适区就可以了，就算得上是自律了呢？还不能够。自律的面前还有一个叫作拖延症的魔兽。

无事不拖的人确实难找，而从不拖延的人也很罕见。我们都会拖延，只不过程度有轻有重。按照《今日心理学》的观点，20%的人都认为自己有着极其难改的拖延症。终结拖延对你的干扰，你可以活得更精彩，再不用承受那些与无必要的、自寻烦恼的拖沓相伴而来的痛苦。这样，你就会在需要的时候尽快地爆发出潜力，也会有更多的时间来娱乐。同时，从拖延中抢回更多的时间，也会让你的工作完成得更出色。

而摆脱拖延也没有想象的难。

一给自己寻找竞争鼓励型学习伙伴。就像互相取暖，有了伙伴的加入或者陪伴，摆脱拖延症就有了力量；

二给自己要完成的事情设置截止时间。高中非常紧张，老师都会给我们设置截止时间。这个截止时间直接会让我们将每件事情提上日程，例如计划，要求自己在截止时间之前完成。而每一件事情的完成，也会相对应地给自己成就感。我是很喜欢这种成就感的，它会让自己觉得很踏实，很饱满，对自己也很满意。而这种对自己的满意度，会直接提升自己的办事效率，下一件事情可能也会完成得更好。很多人都会有这样的感觉，当你兴致高、自信、满意，你做很多事情都会比较顺利和高效；而当你陷入一种低落、紧张、压力、对自己不满的情绪中，可能接二连三好几天做事情都会让自己不满意，不在状态；

三给自己的目标设置奖惩制度。我们一定有这样的经验，不能按时完成任务可能会被批评，影响业绩乃至收入，如果我们认真地去工作，直接的反馈就是业绩上升。这些直接的奖惩，让我们有了抗拒拖延症的动力，甚至说，我不用去抵抗，而是主观地想要把一件事情做好，紧接着继续完成下一件事情。因为人性都是希望自己被表扬、被喜欢，或者能得到自己喜欢的东西的。同样的道理，给自己的一些目标设置奖励和惩罚也会让自己越来越高效。

四不要设置太多过高的目标，高估一天能完成的事情。我觉得人一天中能把一件重要的事情完成得很好，就已经非常好了。不要给自己设置太多的事情，每天设置"最重要三件事"，把这三件重点完成，关注自己能完成的，重要的，做好、做优秀。

向懒癌说不、走出舒适区、打败拖延症，是走向自律的三把魔剑，做到这三点，自律就离你不远了。

5. 找到方向，发掘自律原动力

　　我们每天都在讲自律，每天都在追问，为什么自己做不到自律，但是你有没有想过我们为什么要自律？

　　很早就知道自律是源自《少有人走的路》这一本书。那时候我正处在事业的低谷期，每天迷迷茫茫，真的不知道路在何方。有一天到书店，发现了《少有人走的路》这本书。同时也发现了还有一个方法能拯救自己，那就是让自己自律起来。就像垂死的人发现了一株稻草，我迫不及待地买下了许多自律的书，根本不管适不适合自己，回到家里照本宣科地对照着做。书上说，得坚持跑步，那样不仅会让你的体格健壮，还能培养你的意志力，耐力和抗挫折的能力。于是我下载了一个悦动圈，又买了一双跑鞋，开始了我的自律跑步之路。

　　我上班的时间早，所以跑步的时间只能安排在下班之后。我沿着学校的塑胶跑道跑了一圈又一圈，等回到家的时候，一般都在午夜。后来之所以放弃跑步的原因是，电视里出现了夜跑女生遇害的新闻。还有，我没有在跑步的时候得到多少收获，只觉得一个字，

198

累。于是我做了无耻的叛徒，放弃了。虽然放弃了跑步的计划，但是我自律的计划却还没有放弃。我开始寻找新的自律方向。书上说除了跑步，你还可以去健身。我对健身不算太感冒，但是鉴于书上的建议，还是去健身房办了一张卡。可能因为我的兴趣不在那里吧，卡是办了，但是去的次数真的是屈指可数。那段时间我没有因为自律而快乐起来；相反，我变得疲惫不堪，就像一只晕头转向的苍蝇不知道该往哪里飞。

及时拯救我的是我的室友，她看见我一天天跌跌撞撞的样子，有些心疼，问我："你这样折腾来折腾去的，在你的心里面，你最想得到的是什么？"其实这个问题我还真没有答案，懵懵懂懂这么多年，我不知道自己想要什么。从心里来说，我比较喜欢安静。我告诉她，我不知道想要什么，但是我真的只喜欢静静的。她想了想说："那我帮你选一个自律的项目吧，阅读。你知不知道，除了跑步健身等这些高强度的项目之外，阅读也是一种自律，如果你每天保证看一小时的书，一年之后也是 300 多个小时，300 多个小时换成天的话，你自己算算它的效果会怎么样？"她的话一下子激起了我心中的涟漪。

从小我就是一个安静的孩子，喜欢看书，小时候还做了一个遥远的梦，梦想着自己的故事被别人看。看来寻寻觅觅这么久，这个才是真正属于我的，而且我当时已经在写作，真的想在写作上精进一些。于是我听从了她的建议，开启了每天一小时读书的计划。这个计划，说起来容易，其实也是很奢侈的。我工作琐碎，属于大块的时间并不多，可是为了保证这一小时的效果，也为了让自己从迷迷蒙蒙中走出去，我选择在睡觉之前读书。其实读书是没有多大进步的，如果你不做笔记的话。随着年龄的增长，记忆力越来越不好，很可能刚才看的那一页，转瞬之间就忘了是什么内容。所以刚开始的时候效果也并不好。后来网络上流行手账，因为喜欢手账那些漂亮的格子我买了一本，买了却不知道写些什么，便开始做读书的记录本。这样看着、记着、写着，半年过去了，我发现自己不再纠结于过去那些让我难过的事情。可以说，我已经从那个不愿回首的世界里走出来了。

因为写作，我结识了不少朋友。他们经常问我，怎么样才能让自己真正的自律？我总是告诉他们，不是怎么样要自律，而是你要知道你为什么要自律，你想在哪方面得到提升。就像我当年一样，如果要是没找到方向，打着自律旗号样样尝试，估计还是前路茫茫吧。

我们每个人都想有朝一日突破自我，学着给自己的人生设计一个方向，才能早日让这个梦想实现。法国著名思想家蒙田说过："灵魂如果没有明确的目标，就会丧失自己。"方向是所有行为的导向性指导，有了方向才有了你需要做什么，怎样做的答案，同时也有了去做的驱动力，而不至于忙着忙着就忘了为什么出发。

你不要只管飞，真的还要管往哪飞。